全国高职高专道桥与市政工程专业规划教材

道路工程测量实训

主　编　李香玲　于晓伟
副主编　师军良　刘　阳　姬晓东
　　　　丁志涛　张晓战
主　审　杨旭江

黄 河 水 利 出 版 社
·郑　州·

内 容 提 要

本书是全国高职高专道桥与市政工程专业规划教材，是根据教育部对高职高专教育的教学基本要求及全国水利水电高职教研会制定的道路工程测量实训课程标准编写完成的。全书以道路工程测量技术为主线，设置了16个单项技能训练和3个综合实训，主要内容包括：测量仪器的基本操作与使用，如水准仪、经纬仪、全站仪、罗盘仪的使用；测量基本工作，如水准测量、角度测量、距离测量；道路工程测量技术，如导线测量、全站仪数字化测图、全站仪点位放样、圆曲线测设、道路中线测量、道路纵横断面测量等。本书与《道路工程测量》(杨旭江等主编，黄河水利出版社出版)教材配套使用。

本书可作为高职高专院校桥梁工程、隧道工程、水利水电工程、工业与民用建筑、给水排水工程等专业的测量实训教材，还可供土木建筑类其他专业、中等专业学校相应专业的师生及工程技术人员学习参考。

图书在版编目(CIP)数据

道路工程测量实训/李香玲，于晓伟主编．—郑州：黄河水利出版社，2015.9

全国高职高专道桥与市政工程专业规划教材

ISBN 978-7-5509-1235-9

Ⅰ.①道…　Ⅱ.①李…　②于…　Ⅲ.①道路测量　Ⅳ.①U412.24

中国版本图书馆CIP数据核字(2015)第214915号

组稿编辑：王路平　电话：0371-66022212　E-mail：hhslwlp@163.com
路夷坦　66022111　hhsllyt@126.com

出 版 社：黄河水利出版社
地址：河南省郑州市顺河路黄委会综合楼14层　邮政编码：450003

发行单位：黄河水利出版社
发行部电话：0371-66026940、66020550、66028024、66022620(传真)
E-mail：hhslcbs@126.com

承印单位：郑州龙洋印务有限公司

开本：787 mm×1 092 mm　1/16

印张：7

字数：160千字　印数：1—4 100

版次：2015年9月第1版　印次：2015年9月第1次印刷

定价：14.00元

前 言

本书是根据《教育部关于全面提高高等职业教育教学质量的若干意见》(教高〔2006〕16号)、《教育部关于推进高等职业教育改革创新引领职业教育科学发展的若干意见》(教职成〔2011〕12号)等文件精神,由全国水利水电高职教研会拟定的教材编写规划,在中国水利教育协会指导下,由全国水利水电高职教研会组织编写的道桥与市政工程专业规划教材。该套规划教材是在近年来我国高职高专院校专业建设和课程建设不断深化改革和探索的基础上组织编写的,内容上力求体现高职教育理念,注重对学生应用能力和实践能力的培养,实训任务和过程与企业生产过程相适应,既具有通用性,又有着鲜明的特色,以工作过程为导向,突出"工学结合",融"教、学、做"于一体。该套规划教材是一套理论联系实际、教学面向生产的高职高专教育精品规划教材。

道路工程测量实训是公路运输类、土建施工类、市政工程类等专业的基础核心课程,是道路桥梁类专业学生必修的一门工程应用性与操作性均较强的专业核心课程。本书与《道路工程测量》(杨旭江等主编,黄河水利出版社出版)教材配套使用,可作为高职高专院校桥梁工程、隧道工程、水利水电工程、工业与民用建筑、给水排水工程等专业的测量实训教材,还可供土木建筑类其他专业、中等专业学校相应专业的师生及工程技术人员参考。

道路工程测量实训分为单项技能训练和综合实训两部分,单项技能训练包含16个实训任务,综合实训包含3个实训任务。本书按照项目化教学理念设计实训内容,体现具体的工作过程,教学中可以根据需要选择相关实训项目,对教材内容酌情取舍。实训器材以全站仪等先进测量仪器设备为主,能够满足社会的需要。本书编写中采用最新测量规范,如《工程测量规范》(GB 50026—2007)。通过训练,旨在培养学生操作测量仪器设备的能力和综合应用的能力。单项技能训练也可以和课程教学相结合,实现教与学的结合,提高教学效果。

本书由山东水利职业学院李香玲、周口职业技术学院于晓伟担任主编,李香玲负责全书统稿;由黄河水利职业技术学院师军良、山东水利职业学院刘阳、山西水利职业技术学院姬晓东、日照市城市建设勘察测绘院有限公司丁志涛、安徽水利水电职业技术学院张晓战担任副主编。山东水利职业学院李玉芝、丁建全老师参与了编写并提出了修改意见。本书由杨凌职业技术学院杨旭江担任主审。

在本书编写的过程中,编者参阅了大量的文献资料,引用了同类书刊中的部分内容,在此谨向有关单位和作者表示衷心的感谢!

由于编者水平有限,书中难免存在不妥之处,恳请各位同仁和读者批评指正。

编 者

2015年7月

目　录

实训须知

一、实训基本要求

(1)实训之前应仔细阅读本指导书,明确实训的任务及要求。

(2)根据实训内容阅读教材中有关章节,弄清基本概念,熟悉实训的过程,注意有关事项,准备相关的表格和工具用品,使实训能顺利完成。

(3)实训分小组进行,组长负责组织协调工作,办理仪器工具的借领和归还手续。遵守实训纪律,按照仪器室管理规定使用测量仪器设备。

(4)在指定的时间和地点进行实训,不得擅自离开实训场地,不得无故缺席或迟到早退。

(5)应服从指导老师的安排,独立完成相应的工作任务。

(6)实训中的具体操作应按指导书中的规定进行,如遇问题,及时向指导教师提出。

(7)实训中若出现仪器故障,应立即报告指导教师,绝不允许自行处理。

二、仪器的借领

测量仪器为精密贵重仪器,正确使用、精心爱护和科学保养测量仪器,是测量人员必须具备的职业素质和应该掌握的技能,也是保证测量成果质量、提高测量工作效率的必要条件。仪器的借领必须遵守以下规定:

(1)要听从仪器室管理人员的安排,遵守仪器室管理规定。

(2)实训所需的仪器及工具已在指导书上写明,学生应以小组为单位,在实训前向测量仪器室借领。

(3)借领仪器时每组由组长带 1 ~ 2 个人按组的顺序到测量仪器室借领。清点并检查后,由借领人填写仪器、工具借领登记表,填写班级、组别及日期并签名,然后将登记表交仪器管理人员。

(4)在实训过程中各组仪器工具应妥善保护,组间不得任意调换。如有损坏和遗失,应到仪器室填写仪器损坏登记表,视情节轻重给予处理并按有关规定赔偿损失。

(5)实训结束后,应立即将仪器交还仪器室,由管理人员检查清点。

三、仪器使用注意事项

在实训中应正确使用并爱护仪器。这不仅是对学生职业道德的培养,也是保证测量成果质量、提高测量工作效率的必要条件。使用测量仪器时应注意以下事项:

(1)领取仪器时应注意箱盖是否锁好,提把或背带是否牢固。

(2)打开仪器箱时应注意:

①要将仪器箱平放在地面上开箱,不要托在手里或抱在怀里开箱,以防将仪器摔坏。

②取出仪器前，应记住仪器在箱内的安放位置及方向，以免用完装箱时因安放不正确而损坏仪器。

(3)自箱内取出仪器时应注意：

①取出仪器时应先放松制动螺旋，以免在取出仪器时因强行扭转而损坏制、微动螺旋或钮扣，甚至损坏轴承。

②取出仪器时要一手握住基座，另一手扶住支架，不准提望远镜。

③取出仪器后，应立即将仪器箱盖好，以免沙土、杂草进入箱内，还要防止搬动仪器箱时丢失附件。

④将仪器连接在脚架上时，要一手扶住仪器，一手旋紧连接螺旋。注意不要旋得过紧。

(4)在使用仪器过程中要做到：

①架设仪器要小心，注意拧紧脚架固定螺旋(注意不要旋得过紧)，防止自行收缩摔坏仪器；架腿打开角度要适中，铁脚要扎稳。若在斜坡上架设仪器，应使两条腿在坡下(可稍放长)，一条腿在坡上(可稍缩短)。

②仪器必须有专人看护，绝不能离开仪器。

③操作仪器时，要稳、轻、慢，严格遵守操作程序，不要用手触摸仪器的目镜、物镜，以免沾污镜面，影响成像质量。绝不允许用手帕或粗硬纸擦镜头，以免划伤镜面。

④在仪器操作过程中出现故障，应立即向指导教师汇报，不得自行处理。

⑤严禁坐仪器箱。

(5)仪器迁站时应注意：

①长距离迁站或通过行走不便的地区时应将仪器装入箱内搬迁，切勿抱行。

②短距离迁站时，要将脚架收拢，放松仪器制动螺旋，一手托抱仪器于胸前，一手夹抱架腿于臂下，保持仪器向上或斜上方倾斜，严禁将仪器横扛在肩上或使仪器朝下迁移。

③每次搬迁都要清点所有仪器、附件、工具，防止丢失。

(6)仪器装箱时应注意：

①装箱时要用毛刷轻拂仪器上的尘土，将物镜盖盖好，将微动螺旋、脚螺旋调到适中位置，放松各部位制动螺旋，安放稳妥后，再将制动螺旋拧紧。

②清点箱内附件，如有缺少立即寻找，然后将仪器箱关上、扣紧、锁好。如遇仪器箱盖关不严，应注意查找原因，不得强压。

(7)其他仪器、器材的使用和维护：

①要保护好水准标尺，特别注意保护好尺面。立尺时应双手扶尺，使尺子竖直。不要将尺随意靠在树上或墙上。跑尺时，应以标尺的侧面立扛在肩上；当把标尺横放在地上时，勿使尺面向下，更不能坐在尺上，否则会使尺子弯曲、折断，或使尺面漆皮龟裂。

②测钎、标杆是用来做临时测量标志用的，不得用以打闹玩耍，不得用来抬东西、晒衣服等，要注意保护标杆上的油漆。

③钢卷尺性脆易折断，使用时要加倍小心。若有扭结，应将扭结解开后使用。钢卷尺前行时，禁止在地面上来回拖行，以防止尺面磨损。不要让车轮碾压钢卷尺。不要将钢卷尺放入水中、泥里。用完后应擦去灰沙，并涂上黄油后卷好尺子。

四、记录计算要求

外业记录是测量成果的原始资料，也是内业整理的依据，所记数据必须真实有效，记录者应严谨认真，严格遵守下列规则：

(1)所有观测成果均须使用2H～4H绘图铅笔当场记录，填写表头的观测者、记录者、天气、日期、仪器型号等所有内容。

(2)记录字体应端正清晰，用稍大于格高一半的斜体工程字填写，留出空隙供改正错误用。

(3)观测者读数后，记录者应向观测者复诵一遍再记录，以免听错、记错。

(4)记录必须保持其原始性和真实性，记录数字如有错误，不得用橡皮擦拭或涂改，也不能用草稿纸或纸片草记后再转抄，应用一斜线整齐划去错误部分，在其上方另记正确数字，并在备注栏内注明错误原因。

(5)水平角观测时，秒读记错误，应重新观测，在现场更正，但同一方向盘左、盘右不应连环更改；竖直角观测时，度、分读数，不应在各测回中连环更改。

(6)距离观测时，厘米及以下数字读记错误，应重新观测，米、分米读记错误，在同一距离、同一高差的往返测或两次测量的相关数字不应连环更改。

(7)记录数字要全，不得省略0位。如水准尺读数为1.360，度盘读数为60°04′00″，数据中的0不能省略。

(8)高差中数、角度平均值等平均数按四舍六入、五前单进双不进的取数规则进行计算，如数字1.245 5和1.246 5均取值1.246。

(9)原始记录和实训报告应妥善保管，不得损毁或丢弃，以便考核成绩。如某页记错太多或此实训重做时，该页记录不可撕去，应写“作废”字样并保留。

第一部分　单项技能训练

实训 1　水准仪的认识与使用

一、实训的目的与要求

(一)知识要求

(1)了解 DS_3 水准仪的基本构造,认清其主要部件的名称及作用。

(2)理解水准测量原理。

(3)理解高程、高差、视线高等概念。

(二)职业能力要求

(1)能说出水准仪主要部件的名称及功能。

(2)能对水准仪进行安置、瞄准与读数。

(3)能测定地面两点间高差。

(三)职业素质要求

(1)培养学生团结协作、踏实肯干的工作作风。

(2)培养学生实事求是、严肃认真的科学态度。

(3)培养学生忠于职守、乐于奉献的职业观念。

二、实训仪器与工具

DS_3水准仪 1 台,三脚架 1 个,水准尺 1 副,记录夹 1 个。

三、实训任务

(1)熟悉 DS_3水准仪各部件的名称及功能。

(2)训练粗平、瞄准、精平、读数的操作方法与过程。

(3)训练消除视差的方法。

(4)训练测定地面两点间高差的方法。

四、实训过程

(一)实训准备

以小组为单位领取仪器设备,教师布置训练任务。

(二)安置仪器

将三脚架张开,伸缩各脚架,旋紧脚架螺旋,安置三脚架高度适中,目估架头水平,并将脚尖踩入土中。开箱取仪器,并用中心连接螺旋将其连接在三脚架上。

(三)认识仪器

说出仪器各部件的名称，了解其作用并熟悉使用方法，同时弄清水准尺的分划与注记，如图 1-1 所示。

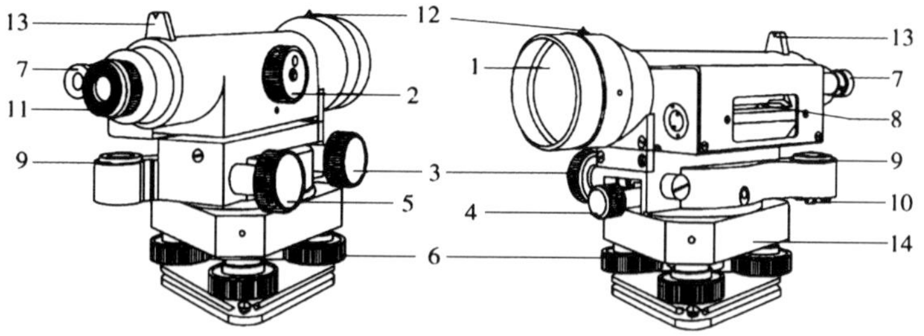

1—物镜；2—物镜对光螺旋；3—水平微动螺旋；4—水平制动螺旋；
5—微倾螺旋；6—脚螺旋；7—符合水准气泡观察镜；8—水准管；9—圆水准器；
10—圆水准器校正螺丝；11—目镜调焦螺旋；12—准星；13—缺口；14—轴座

图 1-1　DS_3 水准仪

(四)粗平

先用双手同时向内(或向外)转动一对脚螺旋，使圆水准器气泡移动到第三个脚螺旋与仪器中心连线的方向上，如图 1-2(a)所示。再转动另一只脚螺旋使气泡居中，如图 1-2(b)所示。然后转 180°检查气泡是否居中，如不居中，则重复上述操作，通常须反复进行，直到气泡在任意方向都居中。注意，气泡移动的方向与左手拇指移动的方向一致。

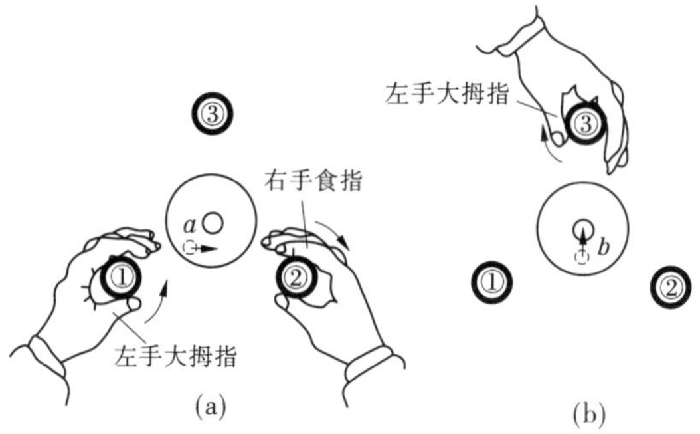

图 1-2　圆水准器气泡调节(粗平)

(五)瞄准

立尺人员立水准尺于地面点上，观测者松开水准仪制动螺旋，转动仪器，用准星和照门粗略瞄准水准尺，固定制动螺旋；用微动螺旋使水准尺大致位于视场中央；转动目镜调焦螺旋进行对光，使十字丝分划清晰，再转动物镜对光螺旋看清水准尺影像，转动水平微动螺旋，使十字丝纵丝平分水准尺。若存在视差，则应仔细进行物镜和目镜对光予以消除。

(六)精平

转动微倾螺旋使符合水准气泡(水准管气泡)两端的影像吻合(呈一弧状)，如图 1-3 所示，也称精平。

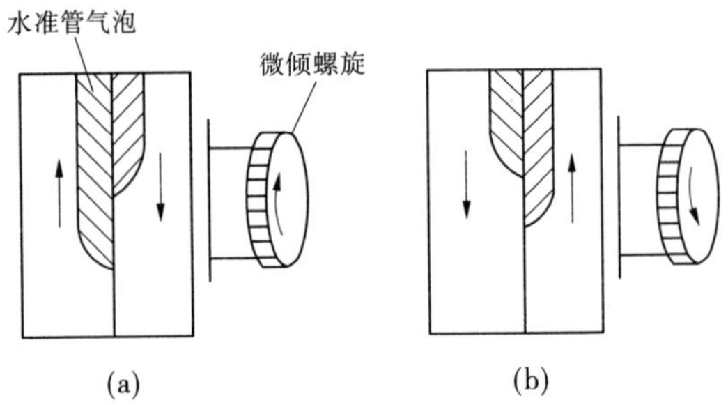

图 1-3　水准管气泡调节(精平)

(七)读数

用中丝在水准尺上读取 4 位读数,即米、分米、厘米及毫米位。读数时应先估出毫米数,然后按米、分米、厘米及毫米,一次读出 4 位数,注意不要错读单位和发生漏“0”现象。

(八)测定地面两点间的高差

(1)在地面上选定 A、B 两个较坚固的点。

(2)在 A、B 两点间安置水准仪,使仪器至 A、B 两点的距离大致相等。

(3)在 A 点上竖立水准尺。瞄准 A 点上竖立的水准尺,精平后读数,此为后视读数,记入水准测量记录表中后视读数栏下。

(4)再将水准尺立于 B 点,瞄准 B 点上竖立的水准尺,精平后读数,此为前视读数,记入水准测量记录表中前视读数栏下。

(5)计算 A、B 两点间的高差(h_{AB})。h_{AB} =后视读数 - 前视读数。

五、技术要求

《工程测量规范》(GB 50026—2007)要求:变换仪器高(高度大于 10 mm)后重新测得两点高差,两次高差之差不超过 5 mm。

六、注意事项

(1)操作仪器时,转动各个螺旋用力要轻。微动螺旋和微倾螺旋不要旋转到极限,应保持在适中的位置。

(2)读中丝读数前一定要消除视差,符合水准气泡要严格居中。

(3)每一次读数之前都要精平仪器。

(4)读数时切忌身体各部位接触仪器。

七、记录与计算

将实训数据填入水准测量记录表(见表 1-1)中。

八、习题

(1)简述高差法测量两点高差的基本原理。

(2)说出 DS_3水准仪“DS_3”中各个字母和数字的含义。

(3)简述粗平和精平的方法。

(4)简述视差的定义、视差产生的原因及消除方法。

(5)何为后视？何为前视？

(6)在读数之前是否每次都要将符合水准气泡调节居中？为什么？

表 1-1　水准测量记录表

日期________　仪器型号________　观测者________　记录者________

测站	点号	水准尺读数		高差(m)	备注
		后视读数(m)	前视读数(m)		

九、实训考核与评价

评价项目	评价内容	权重	成绩	总评
实训过程	实训的步骤是否正确，操作是否规范，态度是否认真，仪器及工具的安全使用情况，发现和解决问题的能力等	40%		
实训成果	是否完成实训任务，成果是否合格	20%		
小组互评	在小组中发挥的作用，协作精神等	20%		
教师评价	根据实训考勤、任务完成情况、工作态度、安全生产情况，结合实训全过程的表现综合评价	20%		

实训 2　普通水准测量

一、实训的目的与要求

(一)知识要求

(1)熟悉水准路线的布设形式。

(2)掌握普通水准测量的施测、记录、计算、闭合差调整及高程计算的方法。

(二)职业能力要求

(1)能在实训场地布设单一水准路线。

(2)能独立进行普通水准测量的施测、记录、计算、内业成果整理。

(3)能与小组成员合作完成实训任务。

(三)职业素质要求

(1)培养学生团结协作、踏实肯干的工作作风。

(2)培养学生实事求是、严肃认真的科学态度。

(3)培养学生忠于职守、乐于奉献的职业观念。

二、实训仪器与工具

DS_3水准仪 1 台，三脚架 1 个，水准尺 1 副，记录夹 1 个。

三、实训任务

(1)每组 4 ~ 5 名同学，以小组为单位共同完成实训任务。

(2)每小组进行一条闭合或附合(需要教师提供已知数据)水准路线的施测，设 4 ~ 5 个测段，每人观测 1 个测段，记录 1 个测段，然后轮换，共同完成任务。

(3)检验观测精度,合格后每人独立进行闭合差的调整和高程推算。

四、实训过程

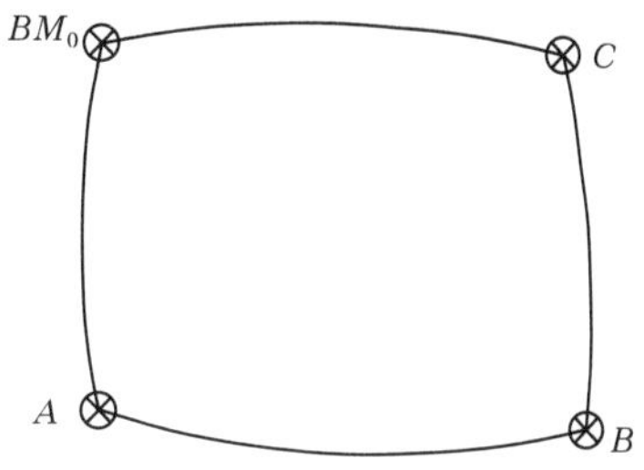

图 2-1 闭合水准路线示意图

(1)如图 2-1 所示,在地面选定 A、B、C 三个坚固点作为待定高程点,BM_0 为已知高程点,其高程由指导老师提供。安置仪器于 BM_0 和 A 点之间,目估前、后视距离相等,进行粗平。测站编号为 1。

(2)后视 BM_0 点上的水准尺,消除视差,精平后读取后视读数,记入手簿。

(3)前视 A 点上的水准尺,消除视差,精平后读取前视读数,记入手簿。

(4)计算高差:高差 = 后视读数 - 前视读数。

(5)迁至第 2 站继续观测,沿选定的路线,将仪器迁至 A 点和 B 点的中间,仍用第 1 站施测的方法,后视 A 点,前视 B 点。经过 B 点、C 点连续观测,最后仍回到 BM_0 点,形成一条闭合水准路线。

(6)计算检核:Σ后视读数 - Σ前视读数 = Σ高差。

(7)内业计算。高差闭合差的计算与调整:

$$f_h = \sum h, \ f_{h允} = \pm 30\sqrt{L}$$

调整值

$$v_{hi} = -\frac{f_h}{\sum n} n_i$$

注意:调整值保留到整毫米,使各调整值的总和等于 $-f_h$ 。

(8)计算待定点高程:根据已知高程点 BM_0 的高程和各点间改正后的高差计算 A、B、C 三点的高程,最后算得的 BM_0 点的高程应与已知值相等,以资校核。

五、技术要求

《工程测量规范》(GB 50026—2007)要求:五等(普通)水准测量的往返较差、附合路线或环线闭合差允许值 $f_{h允} = \pm 30\sqrt{L}$ mm,其中 L 的单位为 km。

六、注意事项

(1)前、后视距应大致相等。

(2)观测过程中圆水准器不平时,应调平重测。

(3)每次读数前都要精平。

(4)水准尺应竖直,水准点和待测点上立尺不放尺垫,只在转点处放尺垫,也可选择有凸出点的坚实地物点作为转点而不用尺垫。

(5)仪器未搬迁,前、后视点处的水准尺不得移动。仪器搬迁后,后视尺才能前进。

七、记录与计算

将实训数据填入普通水准测量记录表(见表 2-1)中。

表 2-1　普通水准测量记录表

日期__________　仪器型号__________　观测者__________　记录者__________

测站	点号	水准尺读数		高差(m)	备注
		后视读数(m)	前视读数(m)		

八、习题

(1)为什么在水准测量中要求前、后视距离相等?

(2)水准路线布设有哪几种形式?

(3)什么是转点? 转点在水准测量中起什么作用?

(4)在进行水准测量时,已知水准点、未知水准点、转点中,哪些点需要放置尺垫?

(5)闭合、附合水准路线的高差闭合差分别是如何计算的?

(6)闭合水准路线与附合水准路线的内业计算有什么区别?

(7)对实训的数据进行内业整理,完成表 2-2。

表 2-2　水准测量内业计算表

测点	距离/测站数	实测高差(m)	高差改正数(m)	改正后高差(m)	高程(m)
辅助计算					

九、实训考核与评价

评价项目	评价内容	权重	成绩	总评
实训过程	实训的步骤是否正确,操作是否规范,态度是否认真,仪器及工具的安全使用情况,发现和解决问题的能力等	40%		
实训成果	是否完成实训任务,成果是否合格	20%		
小组互评	在小组中发挥的作用,协作精神等	20%		
教师评价	根据实训考勤、任务完成情况、工作态度、安全生产情况,结合实训全过程的表现综合评价	20%		

实训3　四等水准测量

一、实训的目的与要求

(一)知识要求

(1)掌握用双面水准尺进行四等水准测量的观测、记录与计算方法。

(2)熟悉四等水准测量的主要技术指标,掌握测站及路线的检核方法。

(二)职业能力要求

(1)能用双面水准尺进行四等水准测量的观测、记录与计算。

(2)熟记四等水准测量的主要技术指标。

(3)能进行测站检核。

(三)职业素质要求

(1)培养学生团结协作、踏实肯干的工作作风。

(2)培养学生实事求是、严肃认真的科学态度。

(3)培养学生忠于职守、乐于奉献的职业观念。

二、实训仪器与工具

DS_3水准仪1台,三脚架1个,水准尺1副,记录夹1个。

三、实训任务

(1)每组共同选择一条闭合水准路线(至少四个点)。

(2)以小组为单位用四等水准测量观测水准路线,每人轮流进行观测、记录、计算、立尺等工作的训练。

(3)对测量的数据进行高差闭合差的调整与高程计算。

四、实训过程

(一)观测

选择一条闭合水准路线,按下列程序进行逐站观测:

(1)竖立水准尺,安置水准仪。照准后视尺黑面,消除视差并精平后读取黑面下丝、上丝、中丝三丝读数;后视尺由黑面转为红面,读取红面中丝读数,记入手簿。

(2)照准前视尺黑面,消除视差并精平后读取黑面下丝、上丝、中丝三丝读数;前视尺由黑面转为红面,读取红面中丝读数,记入手簿。

以上观测程序可简记为“后—后—前—前”。

(3)迁站进行下一站观测,直到观测完成。

(二)记录与测站计算

将观测数据记入四等水准测量记录表中相应栏内,并及时算出前、后视距,前后视距差,前后视距累积差,红黑面读数差,红、黑面高差,红黑面高差之差。当符合限差要求后,方可迁站。

测站的计算和检核：

(1)视距部分。

后视距离(9) = (1) − (2) × 100

前视距离(10) = (5) − (6) × 100

前后视距差(11) = (9) − (10)

视距部分各项限差见四等水准测量技术要求。

(2)中丝读数误差计算。

后视尺红黑面读数差(13) = (3) + K_1 − (4)

前视尺红黑面读数差(14) = (7) + K_2 − (8)

(3)高差部分。

黑面所测高差(15) = (3) − (7)

红面所测高差(16) = (4) − (8)

红黑面高差之差(17) = (15) − (16) ±0.1

高差部分各项限差见四等水准测量技术要求。

测站上各项限差若超限，则该测站需重测。若检核合格，计算测站平均高差：平均高差(18) = [(15) + (16) ±0.1]/2，然后搬仪器到下一测站观测。

(4)每页计算总检核。

①高差检核：

$$\text{黑面各站高差总和}\sum(15) = \sum(3) - \sum(7)$$

$$\text{红面各站高差总和}\sum(16) = \sum(4) - \sum(8)$$

上两式相加得

$$\sum(15) + \sum(16) = \sum[(3) + (4)] - \sum[(7) + (8)]$$

偶数站时

$$\sum(15) + \sum(16) = 2\sum(18)$$

奇数站时

$$\sum(15) + \sum(16) = 2\sum(18) \pm 0.1$$

②视距检核：

$$\sum(9) - \sum(10) = (12)_{\text{末站}}$$

$$\text{本页总视距} = \sum(9) + \sum(10)$$

(三)内业计算

四等水准测量内业计算的程序与普通水准测量相同，不同的是高差闭合差的允许值，计算程序参见实训 2 中相关内容。

五、技术要求

技术要求见表 3-1 和表 3-2。

表 3-1 四等水准测量的主要技术要求

等级	视线长度（m）	视线高度（m）	前后视距差（m）	前后视距累积差（m）	红黑面读数差（mm）	红黑面高差之差（mm）
四等	≤100	≥0.2	≤3	≤10	≤3	≤5

表 3-2 高差闭合差限差要求

等级	测段、路线往返测高差不符值	测段、路线的左右高差不符值	附合路线或环线闭合差		检测已知测段高差的差
			平原	山区	
四等	$\pm 20\sqrt{K}$	$\pm 14\sqrt{K}$	$\pm 20\sqrt{L}$	$\pm 25\sqrt{L}$	$\pm 30\sqrt{R}$

注：K 为路线或测段长度，km；L 为附合路线（环线）长度，km；R 为检测测段长度，km。山区指高程超过 1 000 m 或路线中最大高差超过 400 m 的地区。

六、注意事项

（1）在一测站上，观测员操作仪器由后视转为前视，在读数前一定要再一次转动微倾螺旋使水准管气泡居中。

（2）记录员在记录的同时要复读观测员的读数，并及时进行测站计算校核，符合要求后方可迁站，否则应重测。

（3）记录员记录数字要工整清晰，计算准确无误，不能涂改。字码有误时，可用斜线划掉，在原字码的上方或下方添上正确字码，在备注栏里要注上划改的原因。

（4）后视尺在仪器未迁站时，不得移动，仪器迁站时前尺不得移动。

七、记录与计算

将实训数据填入四等水准测量记录表（见表 3-3）中。

八、习题

（1）四等水准测量的测站检核限差是多少？

（2）四等水准测量的观测程序是什么？

（3）在四等水准测量中，水准尺如何前进？

（4）四等水准路线高差闭合差允许值是多少？

（5）对实训数据进行内业整理，完成表 3-4。

表 3-3 四等水准测量记录表

日期__________ 仪器型号__________ 观测者__________ 记录者__________

测点编号	后尺 上丝	前尺 上丝	方向及尺号	中丝读数(m)		K+黑-红(mm)	高差中数(m)	备注
	后尺 下丝	前尺 下丝		黑面	红面			
	后视距(m)	前视距(m)						
	视距差(m)	累积差(m)						
S1—TP1	(1)	(5)	后 K_1	(3)	(7)	(13)	(18)	$K_1=4.687$ $K_2=4.787$
	(2)	(6)	前 K_2	(4)	(8)	(14)		
	(9)	(10)	后-前	(15)	(16)	(17)		
	(11)	(12)						
			后 K_1					
			前 K_2					
			后-前					
			后 K_1					
			前 K_2					
			后-前					
			后 K_1					
			前 K_2					
			后-前					
			后 K_1					
			前 K_2					
			后-前					
			后 K_1					
			前 K_2					
			后-前					
			后 K_1					
			前 K_2					
			后-前					
			后 K_1					
			前 K_2					
			后-前					
每页检核								

表 3-4　水准测量内业计算表

测点	距离/测站数	实测高差(m)	高差改正数(m)	改正后高差(m)	高程(m)
辅助计算					

九、实训考核与评价

评价项目	评价内容	权重	成绩	总评
实训过程	实训的步骤是否正确,操作是否规范,态度是否认真,仪器及工具的安全使用情况,发现和解决问题的能力等	40%		
实训成果	是否完成实训任务,成果是否合格	20%		
小组互评	在小组中发挥的作用,协作精神等	20%		
教师评价	根据实训考勤、任务完成情况、工作态度、安全生产情况,结合实训全过程的表现综合评价	20%		

实训 4　水准仪的检验与校正

一、实训的目的与要求

(一)知识要求

(1)了解水准仪的主要轴线及它们之间应满足的几何条件。

(2)掌握水准仪的检验与校正的方法。

(二)职业能力要求

(1)能说出水准仪的主要轴线及它们之间应满足的几何条件。

(2)能进行水准仪的检验。

(3)能进行水准仪的校正。

(三)职业素质要求

(1)培养学生团结协作、踏实肯干的工作作风。

(2)培养学生实事求是、严肃认真的科学态度。

(3)培养学生忠于职守、乐于奉献的职业观念。

二、实训仪器与工具

DS_3水准仪1台,三脚架1个,水准尺1副,小改锥1把,校正针1根,记录夹1个。

三、实训任务

(1)练习水准仪的检验与校正方法。

(2)实训安排在视野开阔、地面平坦、土质坚硬、长度为80~100 m的场地。

(3)各小组对所领水准仪进行检验校正,将结果记录在实训报告中。实训结束时,每组上交一份实训报告。

四、实训过程

(一)一般性检验

检查三脚架是否稳固,安置仪器后检查制动螺旋、微动螺旋、对光螺旋、脚螺旋转动是否灵活有效。

(二)圆水准器轴平行于仪器竖轴的检验与校正

检验:转动脚螺旋,使圆水准器气泡居中,将仪器绕竖轴旋转180°,若气泡仍居中,说明圆水准器轴平行于仪器竖轴,否则需要校正。

校正:如图4-1所示,用小改锥拧松圆水准器底部中央的固定螺钉,再用校正针拨动圆水准器底部的三个校正螺钉,使气泡返回偏移量的一半,然后转动脚螺旋使气泡居中。重复以上步骤,直到圆水准器气泡在仪器旋转到任何位置都居中,最后拧紧固定螺钉。

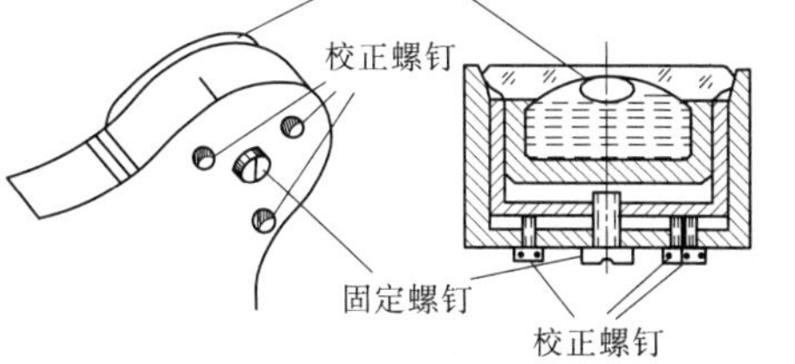

图4-1 圆水准器的校正

（三）十字丝横丝（中丝）垂直于仪器竖轴的检验与校正

检验：用十字丝横丝一端瞄准固定点状目标，转动微动螺旋，使其移至横丝另一端。若目标点始终在横丝上移动，说明横丝垂直于仪器竖轴，否则需要校正，如图 4-2 所示。

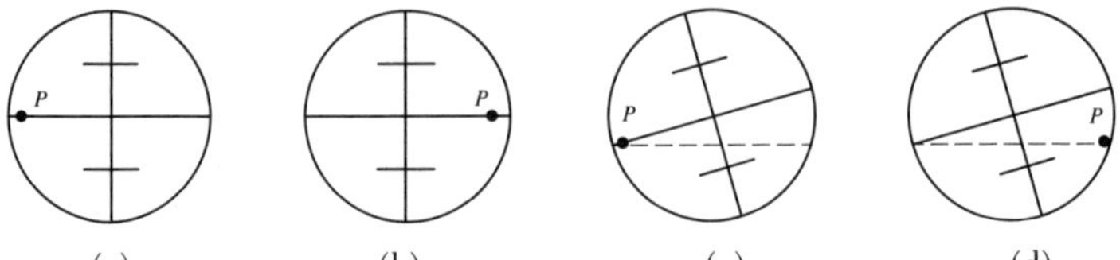

图 4-2　十字丝的检验

校正：旋下十字丝分划板护罩，用小改锥松开十字丝分划板座的固定螺钉（压环螺钉），微微转动十字丝分划板座，使十字丝横丝端点至点状目标的间隔减小一半，再转回到起始端点，如图 4-3 所示。重复上述步骤，直到无显著误差，最后将固定螺钉拧紧。

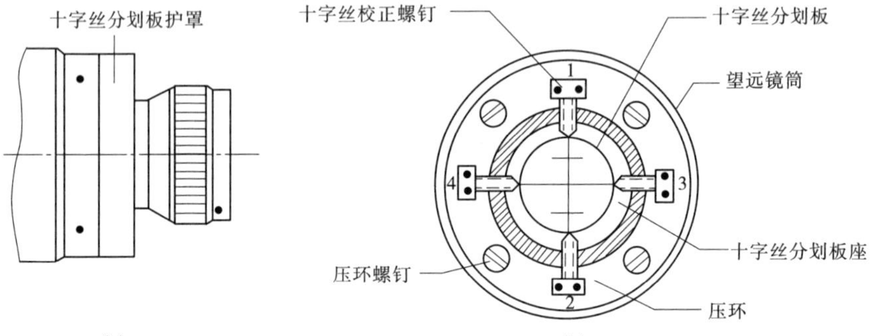

图 4-3　十字丝的校正

（四）水准管轴平行于视准轴的检验与校正

检验：在地面上选 A、B 两点，相距 80～100 m，各点钉木桩（或放置尺垫），并量出中点 C，打桩。安置水准仪于 C 点，立水准尺于 A、B 两点。采用改变仪器高度法两次测出 A、B 两点间高差 h_{AB}。两次测得高差之差绝对值应≤3 mm，取其平均值作为 A、B 两点间的正确高差，如图 4-4 所示。

然后将水准仪搬到靠近 B 点处，整平仪器后，瞄准 B 点水准尺，读数为 b_2，由于 i 角很小，且仪器距离 B 点近，读数 b_2 的误差很小，可以忽略不计，将此读数视为视线水平时的读数。

再瞄准 A 点水准尺，读数为 a_2，a_2 的误差较大。根据已知的高差可以计算出视线水平时的正确读数 a'_2，$a'_2 = b_2 + h_{AB}$。

若 $a'_2 = a_2$，则表明水准管轴平行于视准轴，满足几何条件。若 $a'_2 \neq a_2$，则存在角误差，其值为：

$$i = \frac{\Delta}{S_{AB}}\rho$$

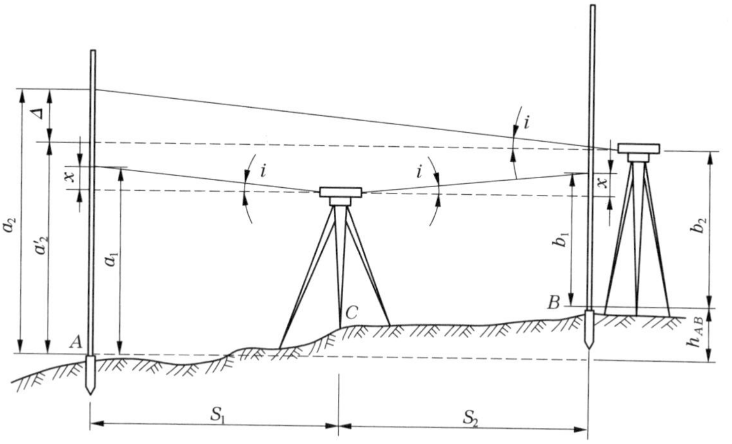

图 4-4 水准管轴平行于视准轴的检验

式中 Δ——$\Delta = a_2 - a'_2$；

S_{AB}——A、B 两点间距离；

ρ——取 206 265″。

当 $i > 20''$时，需要校正。

校正：转动微倾螺旋，使横丝对准正确读数 a'_2，$a'_2 = b_2 + h_{AB}$，这时水准管气泡偏离中央，用校正针拨动水准管一端的上下两个校正螺钉，使气泡居中，如图 4-5 所示。重复以上步骤，直到 $i \leqslant 20''$。

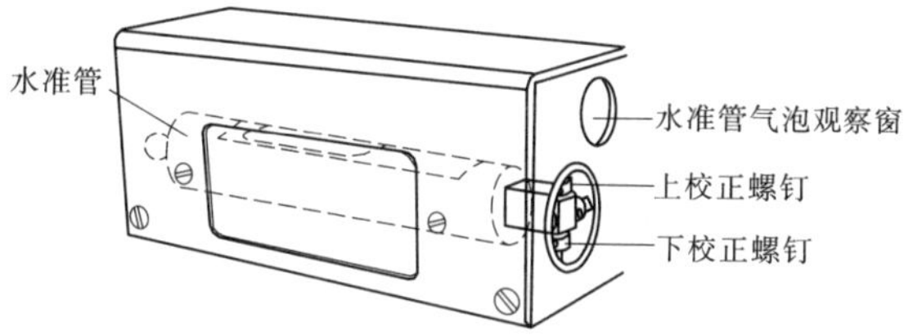

图 4-5 水准管轴校正

五、注意事项

（1）按照实训步骤进行检验，确认检验无误后才能进行校正。

（2）转动校正螺钉时，应先松后紧，松紧适当，校正完毕后，旋紧各个固定螺钉，盖好护盖，以防脱落。

（3）拨动校正螺钉时，切记不可用力过猛，以免损坏仪器。

（4）校正后，应再进行一次检验，看是否符合要求。

（5）本实训项目要求学生只做水准仪的检验，仪器的校正应在指导老师的指导下进行。

六、记录与计算

记录格式见表4-1～表4-4。

表4-1　一般性检验记录

检验项目	检验结果
三脚架是否牢固	
脚螺旋是否有效	
制动螺旋与微动螺旋是否有效	
微倾螺旋是否有效	
对光螺旋是否有效	
望远镜成像是否清晰	

表4-2　圆水准器轴平行于竖轴的检验与校正记录

整平仪器并旋转180°时气泡位置	
校正后气泡位置	

表4-3　十字丝横丝垂直于竖轴的检验与校正记录

十字丝横丝与目标点的位置关系	
检验前位置	校正后位置

表4-4　水准管轴平行于视准轴的检验记录

仪器位置	项目	第一次	第二次	备注
在中点测高差	A尺上的读数a_1			
	B尺上的读数b_1			
	$h_{AB}=a_1-b_1$			
	平均高差h_{AB}			
在B点附近检验	A尺上的读数a_2			
	B尺上的读数b_2			
	$a'_2=b_2+h_{AB}$			
	偏差值$\Delta=a_2-a'_2$			
	$i=\frac{\Delta}{S_{AB}}\rho$			

七、习题

(1)水准仪的主要轴线有哪些？它们之间是什么关系？

(2)水准仪检验的内容包括哪些？具体各项检验方法是什么？校正的方法是什么？

(3)圆水准器轴平行于仪器竖轴的检验校正中，用小改锥拧松圆水准器底部中央的固定螺钉，再用校正针拨动圆水准器底部的三个校正螺钉，使气泡返回偏移量的一半，目的是什么？然后转动脚螺旋使气泡居中，目的是什么？

(4)水准测量中使水准仪尽量安置在距两水准尺等距离处，目的是消除哪些误差？

八、实训考核与评价

评价项目	评价内容	权重	成绩	总评
实训过程	实训的步骤是否正确，操作是否规范，态度是否认真，仪器及工具的安全使用情况，发现和解决问题的能力等	40%		
实训成果	是否完成实训任务，成果是否合格	20%		
小组互评	在小组中发挥的作用，协作精神等	20%		
教师评价	根据实训考勤、任务完成情况、工作态度、安全生产情况，结合实训全过程的表现综合评价	20%		

实训5　经纬仪的认识与使用

一、实训的目的与要求

(一)知识要求

(1)认识 DJ_6 型光学经纬仪的构造和各主要部件的作用，要求初步掌握水平、竖直制动螺旋和微动螺旋的使用方法。

(2)掌握经纬仪对中、整平、瞄准的操作方法。

(3)掌握水平度盘和竖直度盘的读数方法。

(二)职业能力要求

(1)能说出经纬仪主要部件的名称及功能。

(2)能对经纬仪进行安置、对中、整平、瞄准的操作。

(3)会正确读数。

(三)职业素质要求

(1)培养学生团结协作、踏实肯干的工作作风。

(2)培养学生实事求是、严肃认真的科学态度。
(3)培养学生忠于职守、乐于奉献的职业观念。

二、实训仪器与工具

DJ_6型光学经纬仪 1 台,三脚架 1 个,长测钎 1 个,测钎架 1 个,记录夹 1 个。

三、实训任务

(1)练习经纬仪的对中、整平及各部件的使用方法。
(2)练习水平度盘和竖直度盘的读数方法。
(3)用经纬仪测定某两个目标点间的水平角。

四、实训过程

(一)实训准备

以小组为单位领取仪器设备,教师布置训练任务。

(二)安置仪器

将三脚架张开,伸缩各脚架,旋紧脚架螺旋,安置三脚架高度适中,目估架头水平,并将脚架尖踩入土中。开箱取仪器,并用中心连接螺旋将其连接在三脚架上。

(三)认识仪器

说出仪器各部件的名称,了解其作用并熟悉其使用方法,如图 5-1 所示。

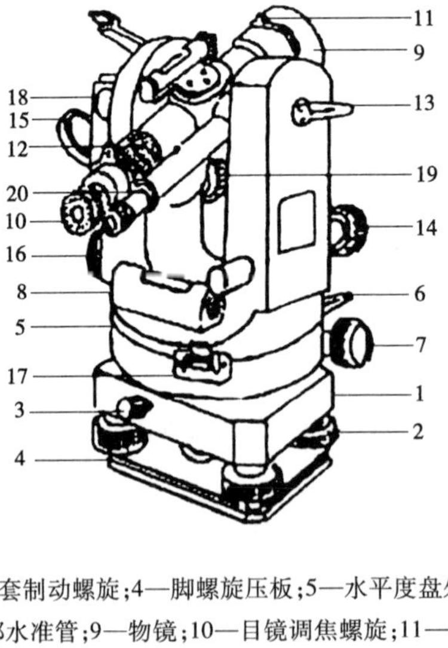

1—基座;2—脚螺旋;3—轴套制动螺旋;4—脚螺旋压板;5—水平度盘外罩;6—水平方向制动螺旋;
7—水平方向微动螺旋;8—照准部水准管;9—物镜;10—目镜调焦螺旋;11—瞄准用的准星;12—物镜对光螺旋;
13—望远镜制动螺旋;14—望远镜微动螺旋;15—反光照明镜;16—度盘读数测微轮;17—复测扳手;
18—竖盘水准管;19—竖盘水准微动螺旋;20—度盘读数显微镜

图 5-1　DJ_6型光学经纬仪结构

(四)粗略对中和整平

常用的对中方法有垂球对中和光学对中两种,电子经纬仪还有激光对中。垂球对中的误差一般可控制在 3 mm 以内，而光学对中的误差可控制在 1 mm 以内。本次实训中采用光学对中的方法。

使架头大致对中和水平，连接经纬仪；调节光学对中器的目镜调焦螺旋和物镜对光螺旋，使光学对中器的分划板小圆圈和测站点标志的影像清晰。转动脚螺旋，使光学对中器对准测站点标志中心，此时圆水准器气泡偏离，伸缩三脚架架腿，使圆水准器气泡居中，注意脚架尖位置不得移动。

（五）精确对中和整平

使仪器水平度盘中心与地面测站点位于同一铅垂线上，将仪器的水平度盘置于水平位置。

先转动照准部，使水准管平行于任意一对脚螺旋的连线，如图 5-2（a）所示，两手同时向内或向外转动这两个脚螺旋，使气泡居中，注意气泡移动方向始终与左手大拇指移动方向一致；然后将照准部转动 90°，如图 5-2（b）所示，转动第三个脚螺旋，使水准管气泡居中。再将照准部转回原位置，检查气泡是否居中，若不居中，按上述步骤反复进行，直到水准管在任何位置，气泡偏离零点不超过一格为止。

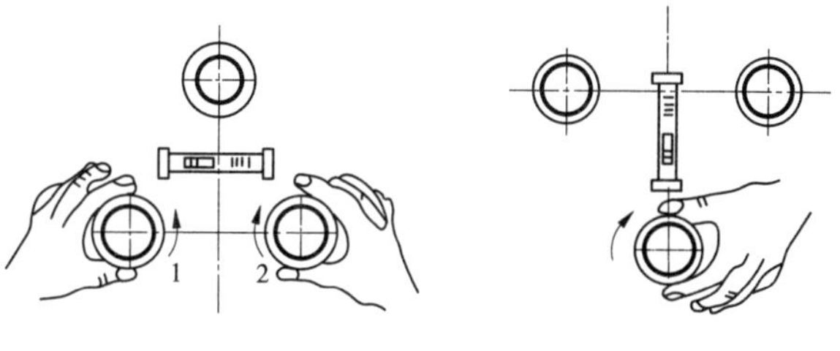

(a)　　(b)

图 5-2　气泡的调整方法

先旋松连接螺旋，在架头上轻轻移动经纬仪，使垂球尖精确对准测站点标志中心，或使对中器分划板的刻划中心与测站点标志影像重合；然后旋紧连接螺旋。光学对中器对中误差一般可控制在 1 mm 以内。

对中和整平，一般都需要经过几次“整平—对中—整平”的循环过程，直至整平和对中均符合要求。

（六）瞄准

用望远镜瞄准目标。

将望远镜对向亮处（天空），调节目镜调焦螺旋，使十字丝成像清晰。转动照准部与望远镜，用镜外瞄准装置对准目标，旋紧望远镜与照准部制动螺旋，调节物镜对光螺旋，使目标成像清晰。调节望远镜与照准部微动螺旋，使十字丝交点精确对准目标，并注意消除视差。瞄准目标如图 5-3 所示。

（七）读数

打开反光镜，调节反光镜镜面位置，使读数窗亮度适中。转动读数显微镜目镜对光螺旋，使度盘、测微尺及指标线的影像清晰。读数时，在读数窗内的分微尺（分微尺为 60 小格，每小格代表 1′）上有一竖直分划线，在分划线（处于分微尺之间的那根）正上方或下方

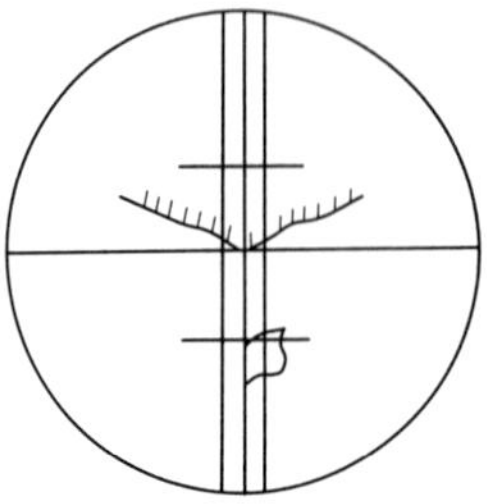

图 5-3　瞄准目标

的数据即为度。根据分划线与分微尺的 0 刻划线所加的小格数，直接读出分，不足 1 小格估读，要求估读的秒数为 6″的倍数，二者合之即为度盘读数。

如图 5-4 所示，水平度盘读数为 178°05′00″，竖直度盘读数为 85°06′18″。

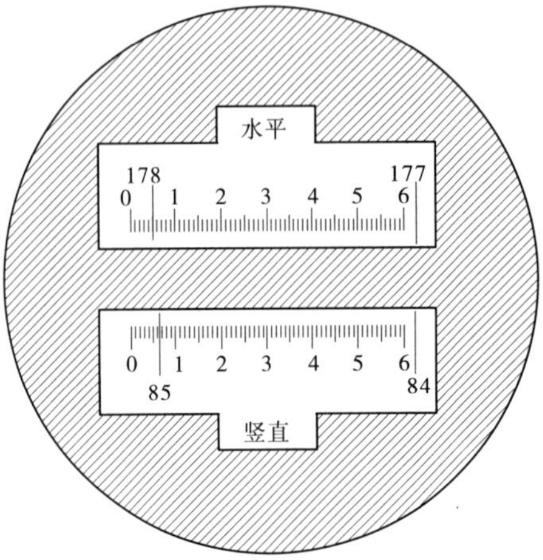

图 5-4　经纬仪读数窗

五、注意事项

(1) 仪器开箱时，必须仔细观察仪器在箱中的安放位置，以便在仪器使用完毕时，很方便地放回箱中。

(2) 仪器安装至三脚架上后，必须随即将架头连接螺旋旋紧。各种制动螺旋未放松时，不可强行转动仪器。必须用双手扶着望远镜的支架转动仪器，不允许用手拿着望远镜转动仪器。

(3) 仪器上各种螺旋不宜拧得过紧，以免损伤轴身。

(4) 读数前要消除视差，反复交替调节目镜调焦螺旋与物镜对光螺旋。

六、习题

(1) 经纬仪由哪些部分组成？

(2) 简述经纬仪的操作流程。

(3) 经纬仪对中和整平的目的分别是什么？

(4)简述经纬仪瞄准目标的方法和注意事项。

七、实训考核与评价

评价项目	评价内容	权重	成绩	总评
实训过程	实训的步骤是否正确,操作是否规范,态度是否认真,仪器及工具的安全使用情况,发现和解决问题的能力等	40%		
实训成果	是否完成实训任务,成果是否合格	20%		
小组互评	在小组中发挥的作用,协作精神等	20%		
教师评价	根据实训考勤、任务完成情况、工作态度、安全生产情况,结合实训全过程的表现综合评价	20%		

实训 6　测回法观测水平角

一、实训的目的与要求

(一)知识要求

(1)理解水平角的定义。

(2)理解水平角测量的基本原理。

(3)熟悉经纬仪或全站仪的操作方法。

(二)职业能力要求

(1)能用测回法观测水平角。

(2)会进行水平角的记录与计算。

(三)职业素质要求

(1)培养学生团结协作、踏实肯干的工作作风。

(2)培养学生实事求是、严肃认真的科学态度。

(3)培养学生忠于职守、乐于奉献的职业观念。

二、实训仪器与工具

DJ_6型光学经纬仪或全站仪 1 台,三脚架 1 个,测钎 2 个,记录夹 1 个。

三、实训任务

(1)练习测回法观测水平角的方法。

(2)以小组为单位进行,小组成员测量同一个角的不同测回,每人至少测量一个测回。

四、实训过程

(1)在施测地区布置 A、B、O 三点,O 点为测站点,A、B 点为目标点,如图 6-1 所示。

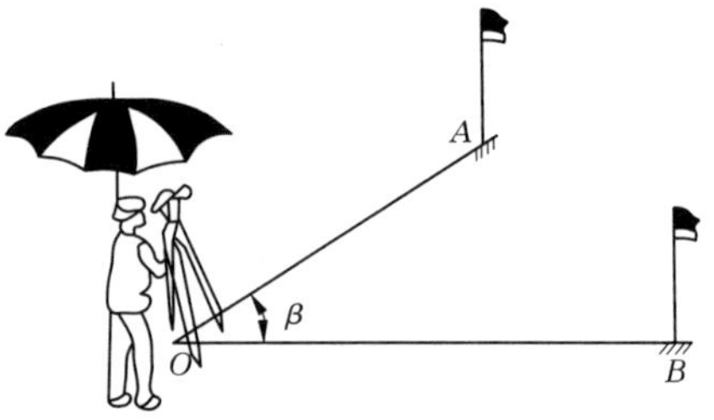

图 6-1 测回法观测水平角

(2)安置经纬仪(全站仪)于 O 点,进行对中。

(3)将仪器整平,并调节好望远镜准备观测。

(4)盘左(正镜)时,先转动照准部,瞄准左目标 A,转动度盘变换手轮使度盘读数处于 0°~1°,读取水平度盘读数,设为 a_1;然后顺时针转动照准部瞄准右目标 B,读取水平度盘读数,设为 b_1。以上盘左测角一次,称为上半测回,其角值为

$$\beta_L = b_1 - a_1$$

(5)倒转望远镜(望远镜横轴转 180°)成盘右(倒镜)时,先瞄右目标 B,读取水平度盘读数,设为 b_2;逆时针转动照准部再瞄准左目标 A,读取水平度盘读数,设为 a_2。以上盘右测角一次,称为下半测回,其角值为

$$\beta_R = b_2 - a_2$$

上半测回与下半测回所测角值之差的绝对值,不得超过 40″,即

$$|\beta_L - \beta_R| \leqslant 40''$$

两个半测回合起来称为一测回,则该测回的水平角为

$$\beta = (\beta_L + \beta_R)/2$$

如果两个半测回所测角值之差的绝对值超过 40″,应该检查原因。如果属于观测错误,则必须重新观测。

(6)当测角精度要求较高时,需对一个角度观测多个测回,应根据测回数 n,以180°/n 的差值,安置水平度盘读数。例如,当测回数 $n=2$ 时,第一测回的起始方向读数可安置在略大于 0°处,第二测回的起始方向读数可安置在略大于 180°/2 = 90°处。各测回角值互差如果不超过 ±24″,取各测回角值的平均值作为最后角值。

五、技术要求

半测回之差不得超过 40″,各测回之差不超过 24″。

六、注意事项

(1)目标不能瞄错,应尽量瞄准测钎的底端。

(2)计算时,须注意左角和右角的区别,用夹角右侧目标读数减去左侧目标读数。如计算出现负值,应将计算结果加上 360°,使水平角值在 0°~360°。

(3)水平角观测时,应随测随记。观测完毕,应立即将水平角值算出。先将上半测回测完,再进行下半测回观测,并注意检核($|\beta_L - \beta_R| \leqslant 40''$),若超限应重测。

(4)不同测回之间,可按 180°/n 配置水平度盘。如需测两个测回时,即第一测回将起始方向的水平度盘配置到 0°00′或稍大于 0°00′处,第二测回则将起始方向的水平度盘配置到 90°00′处或稍大于 90°00′处。

(5)不同测回间水平角互差应小于 24″,若超限需重测。

(6)读记错误的秒值不许改动,应重新观测。读记错误的度、分值必须在现场更改,但一方向的盘左、盘右、半测回方向值三者不得同时更改两个相关数字,同一测站不得有两个相关数字连环更改,否则均应重测。

七、记录与计算

将实训数据填入表 6-1 中。

表 6-1　测回法观测水平角记录表

仪器型号________ 天气________ 日期________ 观测者________ 记录者________

测站	测回	目标	竖盘位置	水平度盘读数 (°　′　″)	半测回水平角 (°　′　″)	一测回水平角 (°　′　″)	各测回平均水平角 (°　′　″)

八、习题

(1)什么叫水平角？

(2)简述测回法观测水平角一个测回的观测程序。

(3)当测量多个测回时，起始方向度盘读数如何配置？

(4)测回法观测水平角有哪些限差要求？

(5)观测水平角时为什么要瞄准目标的底部？

(6)观测水平角时，对中的目的是什么？整平的目的是什么？

(7)在进行水平角观测记录时，应注意哪些问题？哪些数字不能更改？为什么说保证成果的严肃性是每个测绘工作者的职责？

九、实训考核与评价

评价项目	评价内容	权重	成绩	总评
实训过程	实训的步骤是否正确，操作是否规范，态度是否认真，仪器及工具的安全使用情况，发现和解决问题的能力等	40%		
实训成果	是否完成实训任务，成果是否合格	20%		
小组互评	在小组中发挥的作用，协作精神等	20%		
教师评价	根据实训考勤、任务完成情况、工作态度、安全生产情况，结合实训全过程的表现综合评价	20%		

实训7　全圆测回法观测水平角

一、实训的目的与要求

(一)知识要求

(1)掌握全圆测回法观测水平角的观测、记录、计算方法。

(2)进一步熟悉经纬仪或全站仪的使用方法。

(二)职业能力要求

(1)能用全圆测回法观测水平角。

(2)熟知各项技术指标。

(三)职业素质要求

(1)培养学生团结协作、踏实肯干的工作作风。

(2)培养学生实事求是、严肃认真的科学态度。

(3)培养学生忠于职守、乐于奉献的职业观念。

二、实训仪器与工具

经纬仪或全站仪 1 台,三脚架 1 个,测钎 2 个,记录夹 1 个。

三、实训任务

(1)练习全圆测回法观测水平角的方法,每组至少选择 4 个方向进行观测。

(2)要求每个同学至少观测一测回,并独立完成记录和计算。

(3)以小组为单位实施,小组成员测量共同方向、不同测回。

(4)各测回起始目标在度盘上的读数按 $180°/n$ 进行配置。

四、实训过程

(1)如图 7-1 所示,将经纬仪或全站仪安置在测站点 O 上,进行对中、整平。然后用经纬仪(全站仪)在盘左位置瞄准四个目标中通视良好的目标作为起始目标 A,配置度盘在 0°~1°,读取度盘读数,记入手簿。

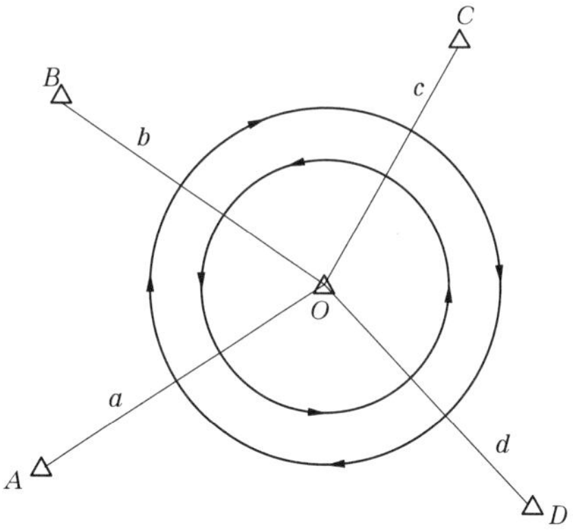

图 7-1　全圆测回法观测水平角示意图

(2)顺时针转动照准部依次瞄准 B、C、D 目标,分别读取各目标方向在度盘上的读数,最后顺时针转动照准部再瞄准起始目标 A,并读取目标方向在度盘上的读数,记入手簿。至此完成全圆测回法观测水平角的上半测回的观测。

A 目标两次读数之差称为上半测回归零差,DJ_6 经纬仪要求归零差≤18″,DJ_2 经纬仪要求归零差≤12″。

(3)打开照准部水平制动螺旋和望远镜制动螺旋,将仪器由盘左变为盘右,瞄准上半测回最后观测的目标 A,读取度盘读数。然后逆时针转动照准部依次瞄准 D、C、B、A,分别读取各自在度盘上的读数,记入手簿。A 目标两次读数之差称为下半测回归零差,应满足限差要求。到此完成全圆测回法一个测回的观测。

(4)计算 $2C$ 值:

$$2C = 盘左读数 - (盘右读数 \pm 180°)$$

DJ_2经纬仪要求 $2C$ 互差≤18″,DJ_6经纬仪不作此要求。

(5)计算同一测回目标平均方向值和归零方向值:

$$平均方向值 = [L + (R \pm 180°)]/2$$

$$归零方向值 = 目标平均方向值 - 起始目标平均方向值$$

(6)计算各测回同一目标归零方向值的平均值。《工程测量规范》(GB 50026—2007)规定:DJ_2经纬仪各测回同一目标归零方向值较差≤12″,DJ_6经纬仪各测回同一目标归零方向值较差≤24″。

(7)水平角计算。

五、技术要求

依据《工程测量规范》(GB 50026—2007),技术要求见表 7-1。

表 7-1 全圆测回法观测水平角技术要求

等级	仪器精度等级	半测回归零差(″)	一测回内 2C 互差(″)	同一方向值各测回较差(″)
四等及以上	1″级仪器	6	9	6
	2″级仪器	8	13	9
一级及以下	2″级仪器	12	18	12
	6″级仪器	18	—	24

六、注意事项

(1)瞄准目标时要瞄准目标底部。

(2)瞄准目标和度盘读数时一定要消除视差。

(3)记录和计算人员要边记录边计算,发现精度不符合要求时及时提醒观测人员重测。

七、记录与计算

将实训数据填入表 7-2 中。

表 7-2 全圆测回法观测水平角记录表

仪器型号________ 天气________ 日期________ 观测者________ 记录者________

测站	测点	水平度盘读数		2C (″)	平均读数 (° ′ ″)	归零方向值 (° ′ ″)	各测回平均方向值 (° ′ ″)	水平角值 (° ′ ″)
		盘左 (° ′ ″)	盘右 (° ′ ″)					

八、习题

(1)简述全圆测回法观测水平角的观测程序。

(2)简述全圆测回法观测水平角的技术要求。

(3)多测回进行全圆测回法观测水平角时,起始目标在度盘上怎样配置位置?

(4)2*C* 的含义和计算方法分别是什么?

(5)为什么要进行归零方向值计算?同一测站、同一目标在不同测回中的归零差对于 DJ_2经纬仪和 DJ_6经纬仪分别是多少?

九、实训考核与评价

评价项目	评价内容	权重	成绩	总评
实训过程	实训的步骤是否正确,操作是否规范,态度是否认真,仪器及工具的安全使用情况,发现和解决问题的能力等	40%		
实训成果	是否完成实训任务,成果是否合格	20%		
小组互评	在小组中发挥的作用,协作精神等	20%		
教师评价	根据实训考勤、任务完成情况、工作态度、安全生产情况,结合实训全过程的表现综合评价	20%		

实训8　竖直角测量

一、实训的目的与要求

(一)知识要求

(1)理解竖直角的概念。

(2)理解竖直角测量的基本原理。

(二)职业能力要求

(1)能进行竖直角的观测与计算。

(2)会计算竖盘指标差。

(三)职业素质要求

(1)培养学生团结协作、踏实肯干的工作作风。

(2)培养学生实事求是、严肃认真的科学态度。

(3)培养学生忠于职守、乐于奉献的职业观念。

二、实训仪器与工具

DJ_6型光学经纬仪或全站仪 1 台，三脚架 1 个，测钎 2 个，记录夹 1 个。

三、实训任务

每人完成一个竖直角两个测回的观测任务。

四、实训过程

(1)在施测地区布置点 O 作为测站点。

(2)安置仪器在测站点 O 上，进行对中、整平，准备观测。

(3)以盘左位置，用望远镜瞄准一高处目标点 A 或低处目标点 B(如建筑物顶部或花杆顶部等)，如图 8-1 所示，然后调节竖盘指标水准管微动螺旋，使竖盘指标水准管气泡严格居中，再读取竖盘读数 L。

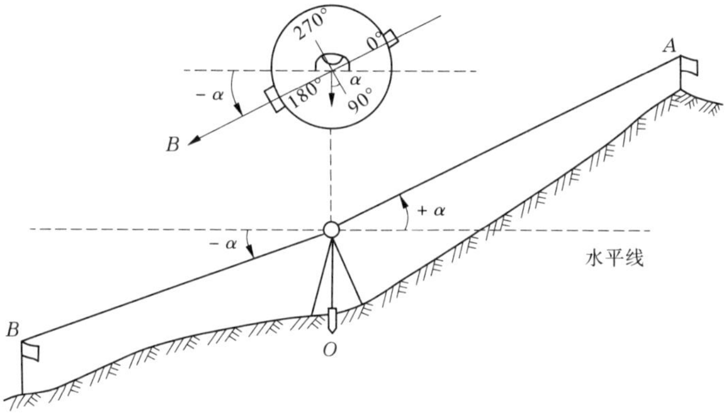

图 8-1　竖直角观测示意图

(4)以盘右位置再次瞄准同一目标，使竖盘指标水准管气泡严格居中，读取竖盘读数 R。

(5)计算竖盘指标差 x，计算公式为

$$x = (L + R - 360°)/2$$

或

$$x = (\alpha_R - \alpha_L)/2$$

其中，指标差 x 应以秒(″)为单位。

计算竖直角 α，计算公式为

$$\alpha_L = 90° - L$$

$$\alpha_R = R - 270°$$

$$\alpha = (\alpha_L + \alpha_R)/2$$

其中，平均竖直角要以度分秒(°　′　″)为单位。

五、技术要求

指标差小于24″。

六、注意事项

(1)竖直角观测时,应尽量用十字丝横丝切准目标的顶部。

(2)竖直角观测时,每次读数前应使竖盘指标水准管气泡居中,或者打开竖盘指标自动补偿器。

(3)同一台仪器观测数据的指标差之间的互差不得超过24″,若超限应重测。

(4)竖直角有正负之分,仰角为正,俯角为负,计算结果应在 -90° ~ +90°。

七、记录与计算

将实训数据填入表8-1中。

表8-1　竖直角测量记录表

仪器型号________　天气________　日期________　观测者________　记录者________

测站	目标	竖盘位置	竖直度盘读数(°　′　″)	竖直角(°　′　″)	指标差(″)	平均竖直角(°　′　″)

八、习题

(1)什么叫竖直角?
(2)简述竖直角测量的程序。
(3)简述竖直角测量的注意事项。

九、实训考核与评价

评价项目	评价内容	权重	成绩	总评
实训过程	实训的步骤是否正确,操作是否规范,态度是否认真,仪器及工具的安全使用情况,发现和解决问题的能力等	40%		
实训成果	是否完成实训任务,成果是否合格	20%		
小组互评	在小组中发挥的作用,协作精神等	20%		
教师评价	根据实训考勤、任务完成情况、工作态度、安全生产情况,结合实训全过程的表现综合评价	20%		

实训9　视距测量

一、实训的目的与要求

(一)知识要求

(1)理解视距的概念。
(2)理解视距法量距的基本原理。

(二)职业能力要求

(1)能进行视线水平时两点间距离和高差的测量、记录和计算。
(2)能进行视线倾斜时两点间距离和高差的测量、记录和计算。

(三)职业素质要求

(1)培养学生团结协作、踏实肯干的工作作风。
(2)培养学生实事求是、严肃认真的科学态度。
(3)培养学生忠于职守、乐于奉献的职业观念。

二、实训仪器与工具

DJ_6型光学经纬仪 1 台，三脚架 1 个，测钎 2 个，记录夹 1 个。

三、实训任务

（1）练习经纬仪视距测量的观测与记录、计算。

（2）小组成员每人轮换测量周围 5 个固定点，将观测数据记录在视距测量记录表中，并计算出水平距离与高差。

（3）水平角、竖直角读数到分（′），水平距离计算到 0.1 m，高差计算到 0.1 m。

四、实训过程

（1）在测站点上安置经纬仪，对中、整平，然后用小钢尺量取仪器高 i（精确到厘米），假定测站点地面高程为 H_0。

（2）选择若干个地形点，在每个点上竖立水准尺，读取下、上丝读数，中丝读数 v（可取与仪器高相等，即 $v = i$），竖直度盘读数 L，并分别记入测量手簿。竖盘读数时，竖盘指标水准管气泡要居中。

（3）用公式 $D = KL\cos^2\alpha$ 和 $h = D\tan\alpha + i - v$ 分别计算平距和高差，用公式 $H_i = H_0 + h$ 计算高程。

五、注意事项

（1）视距测量前应校正竖盘指标差。

（2）立尺时应严格竖直。

（3）仪器高、中丝读数和高差计算应精确到厘米，水平距离应精确到分米。

（4）在测量水平距离时，可以采取快速读尺法，即转动望远镜微动螺旋，使十字丝上丝（或下丝）移动到某一整分划边缘，然后从上丝（或下丝）开始向下丝（或上丝）方向数小格数，一小格（1 cm）代表实地上的 1 m，不足一小格的部分估读，然后加在一起即是水平距离。

六、记录与计算

将实训数据填入表 9-1 中。

表 9-1　视距测量记录表

测站名称________　测站高程________　仪器高________

仪器型号______天气______日期______观测______记录______

点号	视距读数		视距（m）	中丝读数（m）	竖盘读数（°　′　″）	平距（m）	高差（m）	高程（m）
	下丝	上丝						

七、习题

（1）分别写出视线水平和视线倾斜时的视距计算公式。

（2）视距测量需要读取的数据有哪些？

（3）采用视距法量距如何计算两点间高差？

(4)简述视距法量距的观测程序。

八、实训考核与评价

评价项目	评价内容	权重	成绩	总评
实训过程	实训的步骤是否正确，操作是否规范，态度是否认真，仪器及工具的安全使用情况，发现和解决问题的能力等	40%		
实训成果	是否完成实训任务，成果是否合格	20%		
小组互评	在小组中发挥的作用，协作精神等	20%		
教师评价	根据实训考勤、任务完成情况、工作态度、安全生产情况，结合实训全过程的表现综合评价	20%		

实训10　全站仪的认识与使用

一、实训的目的与要求

(一)知识要求

(1)熟悉全站仪的结构、各个部件的名称及功能。

(2)熟悉全站仪的基本功能。

(二)职业能力要求

(1)认识全站仪的构造，能说出各个部件的名称及功能。

(2)能对全站仪显示屏进行操作。

(3)能用全站仪进行对中、整平、瞄准和读数。

(三)职业素质要求

(1)培养学生团结协作、踏实肯干的工作作风。

(2)培养学生实事求是、严肃认真的科学态度。

(3)培养学生忠于职守、乐于奉献的职业观念。

二、实训仪器与工具

全站仪1台，三脚架1个，反射棱镜1个，对中杆1个。

三、实训任务

(1)全站仪各个部件的名称以及功能的认识。

(2)全站仪的基本操作练习。

(3)全站仪显示屏的操作练习。

(4)全站仪的对中、整平、瞄准、读数练习。

四、实训过程

(一)全站仪的认识

全站仪的种类很多,但结构类似,如图 10-1 所示。下面以 NTS－360 全站仪为例介绍全站仪的结构和使用方法。

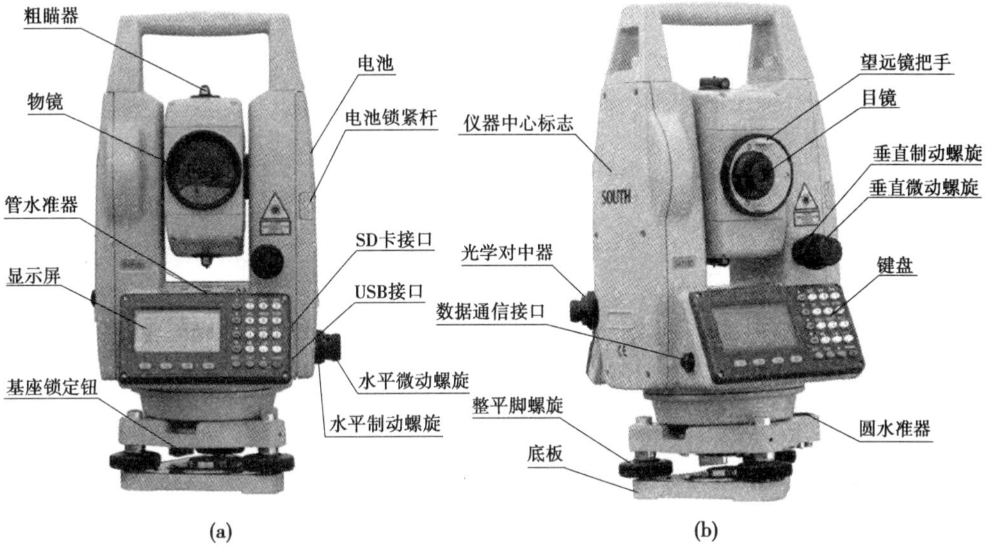

图 10-1　全站仪的结构

(1)认识仪器各个部件的名称以及功能。由教师一边演示一边讲解。

(2)认识键盘、显示符号及含义。

NTS－360 全站仪键盘和显示屏见图 10-2。

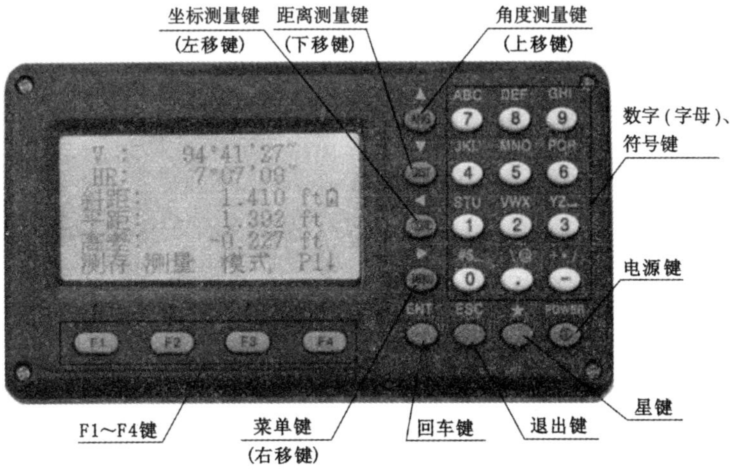

图 10-2　NTS－360 全站仪键盘和显示屏

键盘符号及含义见表 10-1。

表 10-1 NTS－360 全站仪键盘符号及含义

键盘符号	名称	含义
ANG	角度测量键	进入角度测量模式(光标上移或向上选取选择项)
DIST	距离测量键	进入距离测量模式(光标下移或向下选取选择项)
CORD	坐标测量键	进入坐标测量模式(光标左移)
MENU	菜单键	进入菜单模式 (光标右移)
ENT	回车键	确认数据输入或存入该行数据并换行
ESC	退出键	取消前一操作,返回到前一个显示屏或前一个模式
POWER	电源键	控制电源的开关
F1～F4	软键	功能参见所显示的信息
0～9	数字(字母)键	输入数字和字母或选取菜单项
·～－	符号键	输入符号、小数点、正负号
★	星键	用于仪器若干常用功能的操作

显示符号及含义见表 10-2。

表 10-2 NTS－360 全站仪的显示符号及含义

显示符号	含义
V%	竖直角(坡度显示)
HR	水平角(右角)
HL	水平角(左角)
HD	水平距离
VD	高差
SD	斜距
N	北向坐标
E	东向坐标
Z	高程
*	EDM(电子测距)正在进行
m	以米为单位
ft	以英尺为单位
fi	以英尺与英寸为单位

(二)操作程序

(1)仪器的开箱:轻轻地放下箱子,其盖朝上,打开箱子的锁栓,开箱盖,取出仪器并将仪器箱合上。

(2)仪器的安置:将仪器安置在三脚架上,架头高度适中,大致水平,拧紧连接螺旋。

(3)安装电池和开机,检查电量。

(4)参数设置。

按下全站仪的星(★)键,屏幕显示如图 10-3 所示。

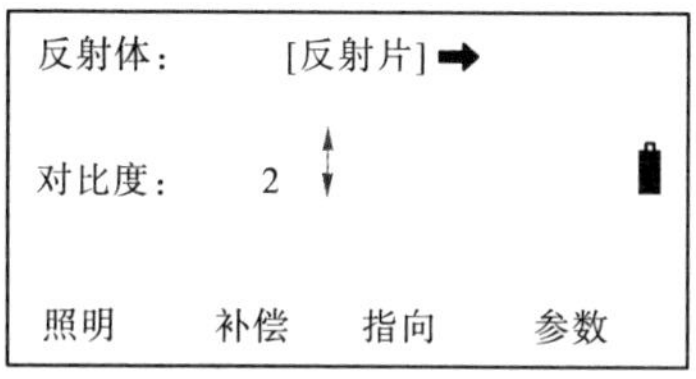

图 10-3　按下全站仪星(★)键的屏幕显示

利用星(★)键可作如下仪器设置:

①对比度调节:按[↑]或[↓]键,可以调节液晶显示屏对比度。

②照明设置:

按[F1]键: 打开背景光。

再按[F1]键: 关闭背景光。

③补偿:按[F2]键进入补偿设置功能,按[F1]或[F3]键设置倾斜补偿的打开或者关闭。

④反射体:按[MENU]键可设置反射目标的类型。按[MENU]键一次,反射目标便在棱镜、免棱镜、反射片之间转换。

⑤指向:按[F3]键出现可见激光束。

⑥参数:按[F4]键,选择“参数”,可以对棱镜常数、大气改正值(PPM)值和温度、气压进行设置,并且可以查看回光信号的强弱。

(5)对中。

使仪器水平度盘中心与地面测站点位于同一铅垂线上的工作称为仪器的对中。常用的对中方法有光学对中和激光对中两种。对中的误差应控制在 1 mm 以内。

光学对中:将仪器小心地安置到三脚架上,拧紧中心连接螺旋,调整光学对中器,使十字丝成像清晰。先使三脚架的一腿着地,然后双手执另两腿作前后、左右移动,使对中器十字交点对准桩顶小铁钉,将架脚踩入土中。稍微旋松架头连接螺旋,移动基座部分使对中器十字交点准确对准测站点。

激光对中:操作方法同光学对中,区别是不需要用眼睛观察对中器,两手移动架腿,使激光点对准地面点位即可。

(6)整平。

①利用圆水准器粗平仪器:调整三脚架三条腿的长度,使全站仪圆水准器气泡居中。

②利用管水准器精平仪器:

首先,松开水平制动螺旋,转动仪器,使管水准器平行于某一对脚螺旋 A、B 的连线。通过旋转脚螺旋 A、B,使水准管气泡居中,见图 10-4(a)。

其次,将仪器旋转 90°,使其垂直于脚螺旋 A、B 的连线。旋转脚螺旋 C,使水准管气泡居中,见图 10-4(b)。

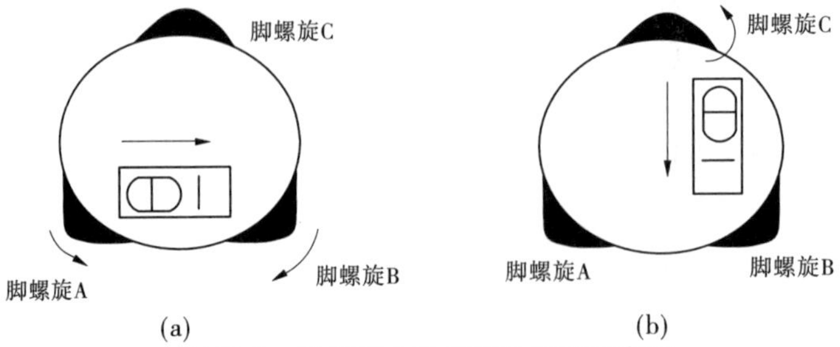

图 10-4 利用管水准器精平仪器示意图

(7)精确对中与整平。

通过激光点或光学对中器进行观察，轻微松开中心连接螺旋，平移仪器（不可旋转仪器），使仪器精确对准测站点。再拧紧中心连接螺旋，再次精平仪器。此项操作重复至仪器精确对准测站点同时整平仪器为止。

(8)瞄准。

①将望远镜对准明亮天空，旋转目镜筒，调焦看清十字丝（先朝自己方向旋转目镜筒，再慢慢旋进调焦使十字丝清楚）。

②利用粗瞄准器内的三角形标志的顶尖瞄准目标点，照准时眼睛与瞄准器之间应保持一定距离。

③利用望远镜调焦螺旋使目标成像清晰。当眼睛在目镜端上下或左右移动发现有视差时，说明调焦不当或目镜屈光度未调好，这将影响观测的精度，应仔细调焦并调节目镜筒消除视差。

(9)读数。

直接在显示屏上读取即可。

五、注意事项

(1)日光下测量应避免将物镜直接对准太阳。

(2)仪器不使用时，应将其装入箱内，置于干燥处，注意防震、防潮和防尘。

(3)仪器安装至三脚架或者拆卸时，要一只手先握住仪器，以防仪器跌落。

(4)发现仪器功能异常，应及时告诉指导老师，不要擅自拆开仪器，以免发生不必要的损坏。

(5)搬站时，要关闭电源，并将仪器取下放在仪器箱内。

(6)仪器应有专人看管，不得擅自离开，以免发生意外。

六、习题

(1)简述 NTS－360 全站仪的组成、主要部件名称及功能。

(2)简述显示符号及含义。

(3)简述 NTS－360 全站仪的基本功能。

(4)简述全站仪的基本操作过程。

(5)简述全站仪使用注意事项。

七、实训考核与评价

评价项目	评价内容	权重	成绩	总评
实训过程	实训的步骤是否正确，操作是否规范，态度是否认真，仪器及工具的安全使用情况，发现和解决问题的能力等	40%		
实训成果	是否完成实训任务，成果是否合格	20%		
小组互评	在小组中发挥的作用，协作精神等	20%		
教师评价	根据实训考勤、任务完成情况、工作态度、安全生产情况，结合实训全过程的表现综合评价	20%		

实训11　全站仪常规测量

一、实训的目的与要求

（一）知识要求

（1）熟悉全站仪的结构、各个部件的名称及功能。

（2）熟悉全站仪的基本功能。

（二）职业能力要求

（1）能用全站仪进行角度测量。

（2）能用全站仪进行距离测量。

（3）能用全站仪进行坐标测量。

（三）职业素质要求

（1）培养学生团结协作、踏实肯干的工作作风。

（2）培养学生实事求是、严肃认真的科学态度。

（3）培养学生忠于职守、乐于奉献的职业观念。

二、实训仪器与工具

全站仪1台，三脚架1个，对中杆及棱镜各1个，记录夹1个。

三、实训任务

（1）练习全站仪角度测量及相关操作。

（2）练习全站仪距离测量及相关操作。

（3）练习全站仪坐标测量及相关操作。

四、实训过程

下面以南方 NTS－360 全站仪为例进行介绍。

(一)角度测量

(1)角度测量模式界面显示。

开机后,全站仪即进入角度测量模式,界面如图 11-1 所示,此模式下共有三个界面菜单。

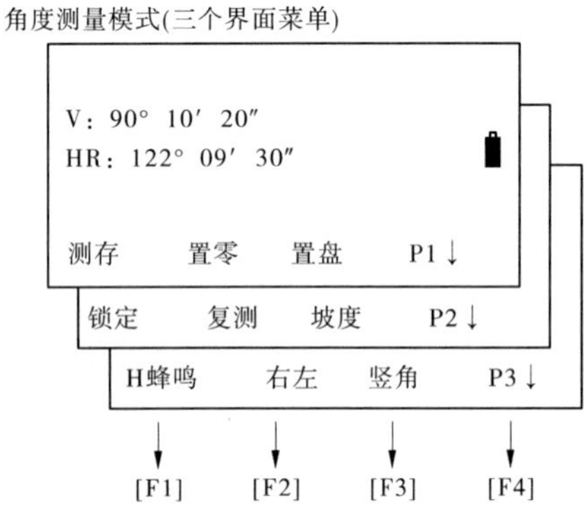

图 11-1 全站仪角度测量模式

(2)功能键简介。

角度测量模式下软键的名称和功能如表 11-1 所示,根据各项功能进行练习。

表 11-1 角度测量模式下软键的名称和功能

页数	软键	名称	功能
第 1 页(P1)	F1	测存	启动角度测量,将测量数据记录到相对应的文件中(测量文件和坐标文件在数据采集功能中选定)
	F2	置零	水平角置零
	F3	置盘	通过键盘输入设置一个水平角
	F4	P1↓	显示第 2 页软键功能
第 2 页(P2)	F1	锁定	水平角读数锁定
	F2	复测	水平角重复测量
	F3	坡度	竖直角和百分比坡度的切换
	F4	P2↓	显示第 3 页软键功能
第 3 页(P3)	F1	H 蜂鸣	设置仪器转动至水平角 0°、90°、180°、270°是否蜂鸣
	F2	右左	水平角右角和左角的切换
	F3	竖角	竖直角显示格式(高度角和天顶距)的切换
	F4	P3↓	显示第 1 页软键功能

(3)操作方法。

①在此模式下,瞄准某一起始点 A,水平度盘置零,竖直度盘显示该方向的竖直角或相应的读数。

②在 HR(HL)模式下顺时针(逆时针)旋转照准部,瞄准另一目标,水平度盘读数即为水平角值,同时竖直度盘显示竖直角或者相应的读数。

(二)距离测量

(1)距离测量模式界面显示。

按下距离测量键,全站仪即进入距离测量模式,界面如图 11-2 所示,此模式下共有两个界面菜单。

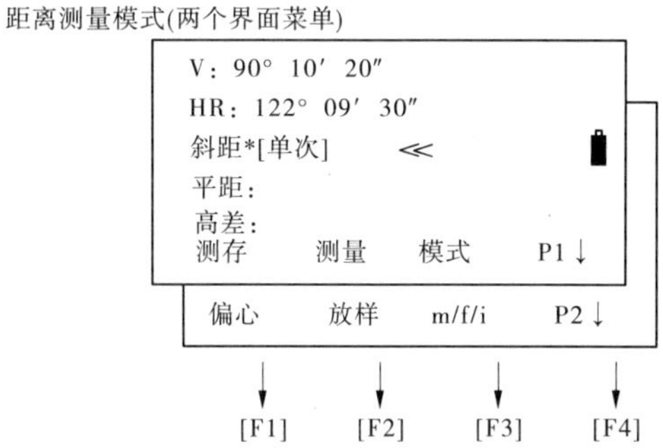

图 11-2 全站仪距离测量模式

(2)功能键简介。

距离测量模式下软键的名称和功能如表 11-2 所示,根据各项功能进行练习。

表 11-2 距离测量模式下软键的名称和功能

页数	软键	名称	功能
第 1 页(P1)	F1	测存	启动距离测量,将测量数据记录到相对应的文件中(测量文件和坐标文件在数据采集功能中选定)
	F2	测量	启动距离测量
	F3	模式	设置距离测量模式(单次精测、N 次精测、重复精测、跟踪的切换)
	F4	P1↓	显示第 2 页软键功能
第 2 页(P2)	F1	偏心	偏心测量模式
	F2	放样	距离放样模式
	F3	m/f/i	设置距离单位(米、英尺、英尺与英寸)
	F4	P2↓	显示第 1 页软键功能

(3)操作方法。

①在距离测量模式下输入温度、气压、棱镜常数等参数。

②瞄准棱镜中心,在该模式下按测量软键,即可得到两点间的水平距离、倾斜距离和

垂直距离。

(三)坐标测量

(1)坐标测量模式界面显示。

按下坐标测量键,全站仪即进入坐标测量模式,界面如图 11-3 所示,此模式下共有三个界面菜单。

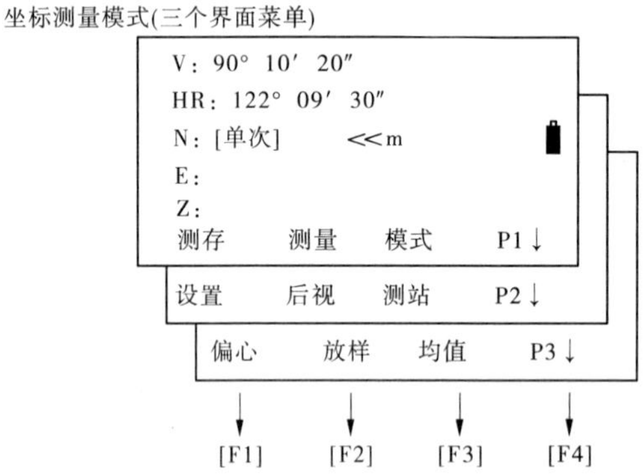

图 11-3 全站仪坐标测量模式

(2)功能键简介。

坐标测量模式下软键的名称和功能如表 11-3 所示,根据各项功能进行练习。

表 11-3 坐标测量模式下软键的名称和功能

页数	软键	名称	功能
第 1 页(P1)	F1	测存	启动坐标测量,将测量数据记录到相对应的文件中(测量文件和坐标文件在数据采集功能中选定)
	F2	测量	启动坐标测量
	F3	模式	设置坐标测量模式(单次精测、N 次精测、重复精测、跟踪的切换)
	F4	P1↓	显示第 2 页软键功能
第 2 页(P2)	F1	设置	设置目标高和仪器高
	F2	后视	设置后视点的坐标
	F3	测站	设置测站点的坐标
	F4	P2↓	显示第 3 页软键功能
第 3 页(P3)	F1	偏心	偏心测量模式
	F2	放样	坐标放样模式
	F3	均值	设置 N 次精测的次数
	F4	P3↓	显示第 1 页软键功能

(3)操作方法。

①设置测站点的坐标:输入测站点的 x、y、H 值。

②设置仪器高和棱镜高:量取仪器高并输入,查看棱镜高并输入。

③输入后视已知点的坐标或方位,瞄准并测量,即进行起始方向的定位。

④在未知点上安置棱镜。

⑤瞄准棱镜中心并测量,即可获得待定点的坐标。

五、注意事项

(1)日光下测量应避免将物镜直接对准太阳。

(2)仪器不使用时,应将其装入箱内,置于干燥处,注意防震、防潮和防尘。

(3)仪器安装至三脚架或者拆卸时,要一只手先握住仪器,以防仪器跌落。

(4)作业前应仔细全面检查仪器,确定仪器各项指标、功能、电源、初始设置和改正参数均符合要求时再进行作业。

(5)发现仪器功能异常,应及时告诉指导老师,不要擅自拆开仪器,以免发生不必要的损坏。

(6)搬站时,要关闭电源,并将仪器取下放在仪器箱内。

(7)仪器应有专人看管,不得擅自离开,以免发生意外。

六、习题

(1)简述 NTS－360 全站仪角度测量模式下的软键功能。

(2)简述 NTS－360 全站仪距离测量模式下的软键功能。

(3)简述 NTS－360 全站仪坐标测量模式下的软键功能。

七、实训考核与评价

评价项目	评价内容	权重	成绩	总评
实训过程	实训的步骤是否正确,操作是否规范,态度是否认真,仪器及工具的安全使用情况,发现和解决问题的能力等	40%		
实训成果	是否完成实训任务,成果是否合格	20%		
小组互评	在小组中发挥的作用,协作精神等	20%		
教师评价	根据实训考勤、任务完成情况、工作态度、安全生产情况,结合实训全过程的表现综合评价	20%		

实训 12　全站仪导线测量

一、实训的目的与要求

(一) 知识要求

(1) 明白导线测量的外业和内业工作流程。

(2) 熟悉全站仪的基本功能。

(二) 职业能力要求

(1) 能与小组成员共同完成图根导线测量外业工作。

(2) 能独立完成导线测量内业计算。

(三) 职业素质要求

(1) 培养学生团结协作、踏实肯干的工作作风。

(2) 培养学生实事求是、严肃认真的科学态度。

(3) 培养学生忠于职守、乐于奉献的职业观念。

二、实训仪器与工具

全站仪 1 台,三脚架 1 个,棱镜 2 个,木桩、小钉若干,斧子 1 把,记录夹 1 个。

三、实训任务

(1) 以小组为单位,完成由 4 ~ 6 个点组成的闭合或附合导线外业观测工作,包括选点建立标志、角度测量、距离测量。

(2) 独立完成导线内业计算。

四、实训过程

(一) 踏勘选点,建立标志

根据测区的情况进行选点。选点时要求通视条件良好,能够测到尽可能多的地形特征点。在地形较为复杂的地方,需同时考虑导线支点的布设。本次实训各组在指定地区内根据已建立的固定标志为导线点,如图 12-1 所示。以西南角点为起点,按顺时针方向进行编号绘出草图。

(二) 导线边长丈量

用全站仪往返丈量四条导线边长。丈量精度要求不低于 1/2 000。

(三) 导线角度观测

用测回法观测导线边所夹的转折角(闭合导线测量内角)。要求盘左与盘右两次测角的差值不大于 40″。导线角度闭合差应不超过 $\pm 60\sqrt{n}$。

(四) 用罗盘仪测定导线起始边的磁方位角

要求正向与反向观测。直线正、反方位角的较差应该在 180° ± 30′内。将反方位角 ±180°后与正方位角取均值作为起始边方位角方向值,或者根据坐标反算推算起始边的

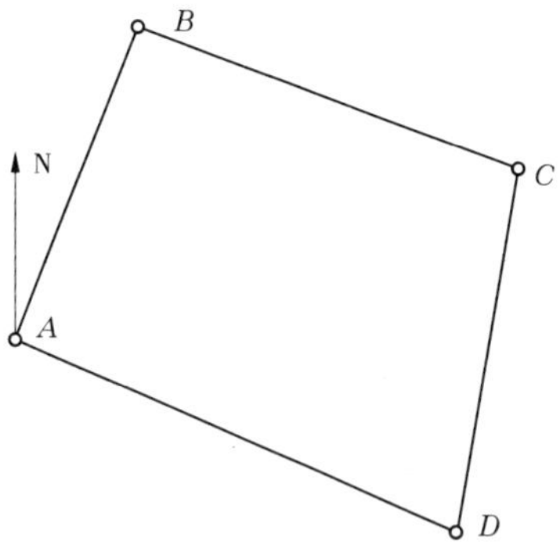

图 12-1　导线示意图

方位角。

(五)导线内业计算

(1)准备工作。

导线的内业计算应以表格的形式完成。将校核过的外业观测数据及起算数据填入导线内业计算表中,起算数据用双下划线标明。

(2)角度闭合差的计算与调整。

①计算角度闭合差。

闭合导线:

$$f_\beta = \sum \beta_{测} - (n-2) \times 180°$$

式中　n——导线边数或转折角数。

附合导线:

$$f_\beta = (180°n + \sum \beta_{左}) - (\alpha_{终} - \alpha_{始})$$

$$f_\beta = (180°n - \sum \beta_{右}) - (\alpha_{终} - \alpha_{始})$$

②计算角度闭合差的容许值。

角度闭合差的大小反映了水平角观测的质量。图根导线角度闭合差的容许值应符合要求。

如果 $|f_\beta| > |f_{\beta允}|$,说明所测水平角不符合要求,应对水平角重新检查或重测。

如果 $|f_\beta| \leqslant |f_{\beta允}|$,说明所测水平角符合要求,可对所测水平角进行调整。

③计算水平角改正数。

如角度闭合差不超过容许值,则将角度闭合差反号平均分配到各观测水平角中,也就是对每个水平角加相同的改正数 v_β,v_β 的计算公式为

$$v_\beta = -\frac{f_\beta}{n}$$

计算检核:水平角改正数之和应与角度闭合差大小相等、符号相反,即

$$\sum v_\beta = -f_\beta$$

④计算改正后的水平角。

改正后的水平角 $\beta_{i改}$ 等于所测水平角加上水平角改正数：

$$\beta_{i改} = \beta_i + v_\beta$$

(3)推算各边的坐标方位角。

根据起始边的已知坐标方位角及改正后的水平角，按下式推算其他各导线边的坐标方位角。如果观测角为左角，用公式(1)，如果是右角，则用公式(2)。

$$\alpha_{前} = \alpha_{后} + 180° + \beta_{左} \quad (1)$$

或

$$\alpha_{前} = \alpha_{后} + 180° - \beta_{右} \quad (2)$$

计算检核：最后推算出的起始边坐标方位角应与原有的起始边已知坐标方位角相等(附合导线应与终边方位角一致)，否则应重新检查计算。

(4)坐标增量的计算及其闭合差的调整。

①计算坐标增量。

根据已推算出的导线各边的坐标方位角和相应边的边长，按下式计算各边的坐标增量。

$$\Delta x_i = D_i \cos\alpha_i$$

$$\Delta y_i = D_i \sin\alpha_i$$

②计算坐标增量闭合差。

闭合导线：

$$f_x = \sum \Delta x$$

$$f_y = \sum \Delta y$$

附合导线：

$$f_x = \sum \Delta x_{测} - (x_{终} - x_{始})$$

$$f_y = \sum \Delta y_{测} - (y_{终} - y_{始})$$

③计算导线全长闭合差 f_D 和导线全长相对闭合差 K。

导线全长闭合差：

$$f_D = \sqrt{f_x^2 + f_y^2}$$

导线全长相对闭合差：

$$K = \frac{f_D}{\sum D} = \frac{1}{\dfrac{\sum D}{f_D}}$$

以导线全长相对闭合差 K 来衡量导线测量的精度，K 的分母越大，精度越高。图根导线的 $K_{允}$ 为 1/2 000。

如果 $K > K_{允}$，说明成果不合格，此时应对导线的内业计算和外业工作进行检查，必要时须重测。

如果 $K \leqslant K_{允}$,说明测量成果符合精度要求,可以进行调整。

④调整坐标增量闭合差。

调整的原则是将 f_x、f_y 反号,并按与边长成正比的原则,分配到各边对应的纵、横坐标增量中去。以 v_{xi}、v_{yi} 分别表示第 i 边的纵、横坐标增量改正数,即

$$v_{xi} = -\frac{f_x}{\sum D}D_i$$

$$v_{yi} = -\frac{f_y}{\sum D}D_i$$

⑤计算改正后的坐标增量。

各边坐标增量计算值加上相应的改正数,即得各边改正后的坐标增量。

$$\Delta x_{i改} = \Delta x_i + v_{xi}$$

$$\Delta y_{i改} = \Delta y_i + v_{yi}$$

计算检核:改正后纵、横坐标增量的代数和应分别为零(附合导线为终点坐标减去起始点坐标)。

(5)计算各导线点的坐标。

根据起始点的已知坐标和改正后各导线边的坐标增量,按下式依次推算出各导线点的坐标。

$$x_{前} = x_{后} + \Delta x_{改}$$

$$y_{前} = y_{后} + \Delta y_{改}$$

五、技术要求

技术要求见表 12-1。

表 12-1　导线测量技术要求

等级	导线长度(km)	平均边长(km)	往返丈量较差相对误差	测角中误差(″)	导线全长相对闭合差	测回数		角度闭合差(″)
						DJ_2	DJ_6	
图根	$\leqslant 1.0M$	≤1.5 测图最大视距	1/3 000	±20	1/2 000	—	1	$\pm 40\sqrt{n}$(首级) $\pm 60\sqrt{n}$(一般)

注:n 为测角个数;M 为测图比例尺分母。

六、记录与计算

导线测量记录表格式见表 12-2,导线内业计算表格式见表 12-3。

表 12-2　导线测量记录表

测站	目标	竖盘	水平度盘读数	水平角度 (°　′　″)	平均角度 (°　′　″)	边长 (m)
						边号： 往测： 返测：
						平均：
						边号： 往测： 返测：
						平均：
						边号： 往测： 返测：
						平均：
						边号： 往测： 返测：
						平均：
						边号： 往测： 返测：
						平均：
						边号： 往测： 返测：
						平均：
						边号： 往测： 返测：
						平均：

七、注意事项

(1)选取的导线点应稳妥,便于保存标志和安置仪器,便于控制整个测区。

(2)明确分工,轮流操作。

(3)每站观测完毕随即算出结果,如果不符合要求,应立即重新观测。

(4)导线内角观测结束,应验算角度闭合差,若在容许范围以内,方可进行导线计算。

(5)起始边的正、反方位角如果差值太大,应找出原因,也可另选其他边再测定方位角。

八、实训考核与评价

评价项目	评价内容	权重	成绩	总评
实训过程	实训的步骤是否正确,操作是否规范,态度是否认真,仪器及工具的安全使用情况,发现和解决问题的能力等	40%		
实训成果	是否完成实训任务,成果是否合格	20%		
小组互评	在小组中发挥的作用,协作精神等	20%		
教师评价	根据实训考勤、任务完成情况、工作态度、安全生产情况,结合实训全过程的表现综合评价	20%		

表 12-3　导线内业计算表

点号	观测角 β (° ′ ″)	改正数 (″)	改正后角值 (° ′ ″)	坐标方位角 α (° ′ ″)	边长 D (m)	纵坐标增量 Δx			横坐标增量 Δy			坐标值		点号
						计算值 (m)	改正数 (cm)	改正后 (m)	计算值 (m)	改正数 (cm)	改正后 (m)	x (m)	y (m)	
1	2	3	4	5	6	7	8	9	10	11	12	13	14	15
Σ														
辅助计算														

实训13 全站仪数字化测图

一、实训的目的与要求

(一)知识要求

(1)熟练掌握全站仪的数据采集功能。

(2)了解数字测图中平面控制和高程控制的技术要求。

(3)了解数据采集的技术要求。

(4)掌握小地区大比例尺数字测图原理。

(5)学会使用数字成图软件(如CASS9.0等)。

(二)职业能力要求

(1)能熟练使用全站仪进行数据采集。

(2)能采用草图法进行数字测图。

(3)能运用数字成图软件进行内业成图。

(三)职业素质要求

(1)培养学生团结协作、踏实肯干的工作作风。

(2)培养学生实事求是、严肃认真的科学态度。

(3)培养学生忠于职守、乐于奉献的职业观念。

二、实训仪器与工具

全站仪1台,备用电池1块,三脚架1个,对讲机2个,脚架棱镜1套,对中杆棱镜1套,数据线1条(或SD卡1张),钢卷尺1个,工具包1个,记录板1块,图纸若干。

三、实训任务

(1)测制指定区域的地形图。

(2)比例尺为1:500。

四、实训过程

(一)准备工作

将控制点、图根点平面坐标和高程值抄录在成果表上备用。每日施测前,应对数据采集软件进行试运行检查,对输入的控制点成果数据需显示检查。

(二)全站仪野外数据采集步骤

(1)安置仪器:在控制点上安置全站仪,检查中心连接螺旋是否旋紧,对中、整平、量取仪器高、开机。

(2)创建文件:在全站仪MENU中,选择“数据采集”进入“选择一个文件”,输入一个文件名后确定,即完成文件创建工作,此时仪器将自动生成两个同名文件,一个用来保存采集到的测量数据,一个用来保存采集到的坐标数据。

(3)输入测站点:在创建的文件夹中按提示输入测站点点号及编码、测站点坐标、仪器高等内容并确认。

(4)后视定向:瞄准另一已知控制点,输入其点号及编码、坐标或者方位角(测站点至该点)、棱镜高等信息,按“测量”键进行定向,比较所测坐标与已知数据,保证定向正确。

(5)碎部点测量:仪器定向后,即可进入“测量”状态,输入所测碎部点点号、编码、棱镜高后,精确瞄准竖立在碎部点上的反光镜,按“坐标”键,仪器即测量出棱镜点的坐标,并将测量结果保存到前面输入的坐标文件中,同时将碎部点点号自动加 1 后返回测量状态。再输入编码、镜高,瞄准第 2 个碎部点上的反光镜,按“坐标”键,仪器又测量出第 2 个棱镜点的坐标,并将测量结果保存到前面的坐标文件中。按此方法,可以测量并保存其后所测碎部点的三维坐标。

(三)草图法成图方法

(1)执行下拉菜单“绘图处理/定显示区”,确定绘图区域。

(2)执行下拉菜单“绘图处理/展野外测点点位”,将外业采集的数据点按坐标展绘在计算机屏幕上,显示各点点号。

(3)对照外业绘制草图,利用 CASS9.0 中的屏幕菜单(见图 13-1),将地物的特征点依次连接,绘制所有地物。

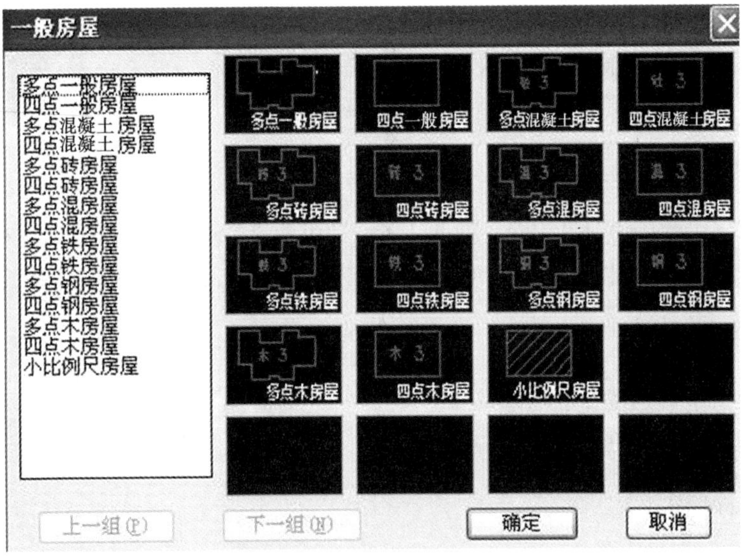

图 13-1　CASS9.0 屏幕菜单

(4)执行下拉菜单“绘图处理/展高程点”,将各特征点的高程展绘在屏幕上。

(5)根据高程点和高程数据建立数字地面模型,编辑后自动绘制等高线。

(6)经过对所测地形图进行屏幕显示,在人机交互方式下进行绘图处理、图形编辑、修改、整饰,最后形成数字地图的图形文件。

(7)通过自动绘图仪绘制地形图。

五、技术要求

数字测图图根点密度要求见表 13-1，全站仪测图最大视距长度见表 13-2。

表 13-1　数字测图图根点密度要求

测图比例尺	1∶500	1∶1 000	1∶2 000
图根点数（点/km^2）	64	16	4

表 13-2　全站仪测图最大视距长度

比例尺	最大视距长度（m）	
	地物点	地形点
1∶500	160	300
1∶1 000	300	500

六、注意事项

（1）在测量前应做好充分的准备工作，分组实习、确定负责人，全站仪的电池、备用电池均应充足电等。

（2）用数据线连接全站仪和计算机时，应选择与全站仪型号相匹配的数据线，按照正确的方法连接。

（3）外业数据采集时，记录及草图绘制应清晰、信息齐全。不仅要记录观测值及测站有关数据，还要记录编码、点号、连接点和连接线等信息，并保证草图上的碎部点编号与全站仪上的标号保持一致，以方便绘图。

（4）数据处理前，要熟悉所采用绘图软件的工作环境及基本操作要求。

（5）成果应符合相关的测量规范。

七、习题

（1）利用全站仪进行数据采集时，后视定向操作中，输入后视点坐标等信息后为什么还要瞄准并测量？是否每一个测站都需要进行后视定向？

（2）利用简编码法自动绘图时，如果居民地等封闭图形不闭合应如何处理？

（3）在数字测图软件中如何确定地形图的比例尺？是否可以输出任意比例尺的地形图？

（4）在数字测图软件中进行等高线修剪时应注意哪些问题？

八、实训考核与评价

评价项目	评价内容	权重	成绩	总评
实训过程	实训的步骤是否正确，操作是否规范，态度是否认真，仪器及工具的安全使用情况，发现和解决问题的能力等	40%		
实训成果	是否完成实训任务，成果是否合格	20%		
小组互评	在小组中发挥的作用，协作精神等	20%		
教师评价	根据实训考勤、任务完成情况、工作态度、安全生产情况，结合实训全过程的表现综合评价	20%		

实训 14　全站仪点位放样

一、实训的目的与要求

（一）知识要求

（1）熟练掌握全站仪的点位放样功能。

（2）理解极坐标法的原理。

（二）职业能力要求

（1）能熟练使用全站仪输入参数及所需数据。

（2）能利用全站仪进行点位放样。

（三）职业素质要求

（1）培养学生团结协作、踏实肯干的工作作风。

（2）培养学生实事求是、严肃认真的科学态度。

（3）培养学生忠于职守、乐于奉献的职业观念。

二、实训仪器与工具

全站仪 1 台，三脚架 1 个，棱镜 1 个，对中杆 1 个，锤子 1 把，木桩和小铁钉若干。

三、实训任务

（1）以小组为单位进行全站仪点位放样。

（2）每人至少放样两个点位。

（3）对放样的结果进行检核。

四、实训过程

以南方 NTS－360 系列全站仪为例，全站仪点位放样的基本流程为：选择放样坐标文件，可以进行测站点坐标数据、后视点坐标数据、放样点数据的调用；设置测站点，即输入测站点坐标、高程、仪器高等信息；设置后视点，即输入后视点坐标，瞄准后视点并确认；实施放样，即输入需要放样的点位并开始放样。

具体操作如下。

（一）选择放样坐标文件

选择放样坐标文件操作过程见图 14-1。

操作过程	操作键	显示
①在主菜单 1/2 按数字键[2]（放样）	[2]	菜单　1/2 1.数据采集 2.放样 3.存储管理 4.程序 5.参数设置　P1↓
②按[F2]（调用）键	[F2]	选择放样坐标文件 文件：　SOUTH 回退　调用　数字　确认
③屏幕显示磁盘列表，选择所需作业的文件所在的磁盘，按[F4]（确认）或[ENT]键	[F4]	Disk:A Disk:B 属性　格式化　确认
④显示坐标数据文件列表		SOUTH.SCD[坐标] SOUTH3.SCD[坐标] SOUTH5[DIR] 属性　查找　退出　P1↓
⑤按[▲]或[▼]键可使文件表向上或向下滚动，选择一个工作文件	[▲] 或 [▼]	SOUTH.SCD[坐标] SOUTH3.SCD[坐标] SOUTH5[DIR] 属性　查找　退出　P1↓
⑥按[ENT]（回车）键，文件即被选择，屏幕返回放样菜单 1/2	[ENT]	放样　1/2 1.设置测站点 2.设置后视点 3.设置放样点 P1↓

图 14-1　选择放样坐标文件操作过程

(二)设置测站点

设置测站点的方法有两种:①利用内存中的坐标文件;②直接键入坐标数据。

(1)利用内存中的坐标文件设置测站点。

利用内存中的坐标文件设置测站点操作过程见图 14-2。

操作过程	操作键	显示
①在放样菜单 1/2 按数字键[1](设置测站点),屏幕显示前次设置的数据,重新设置按[F1](输入)键	[1] [F1]	放样 设置测站点 点名:PT-1 输入 调用 坐标 确认
②输入点号,按[F4](确认)键	输入点号 [F4]	放样 设置测站点 点名:1 回退 调用 数字 确认
③系统查找输入的点名,并在屏幕上显示该点坐标,确认按[F4](是)键	[F4]	设置测站点 E0:100.000 m N0:100.000 m Z0:20.000 m >确定吗? [否] [是]
④输入仪器高,并按[F4](确认)键	输入仪器高 [F4]	输入仪器高 仪器高:1.600 m 回退 确认
⑤屏幕返回放样菜单 1/2		放样 1/2 1.设置测站点 2.设置后视点 3.设置放样点 P1↓

图 14-2 利用内存中的坐标文件设置测站点操作过程

(2)直接键入坐标数据设置测站点。

直接键入坐标数据设置测站点操作过程见图 14-3。

操作过程	操作键	显示
①在放样菜单 1/2 按数字键[1](设置测站点),按[F3](坐标)键调用直接输入坐标功能	[1] [F3]	放样 设置测站点 点名：PT-1 输入　调用　坐标　确认
②输入坐标值,按[F4](确认)键	输入坐标 [F4]	设置测站点 E0：0.000 m N0：0.000 m Z0：0.000 m 回退　点名　确认
③输入完毕,按[F4](确认)键	[F4]	设置测站点 E0：160.000 m N0：230.000 m Z0：42.000 m 回退　点名　确认
④按同样方法输入仪器高,按[F4](确认)键	输入 仪器高 [F4]	输入仪器高 仪器高：1.600 m 回退　确认
⑤屏幕返回放样菜单 1/2		放样　1/2 1.设置测站点 2.设置后视点 3.设置放样点 P1↓

图 14-3　直接键入坐标数据设置测站点操作过程

(三)设置后视点

设置后视点有三种方法:①利用内存中的坐标文件;②直接键入坐标数据;③直接键入后视方向角。

下面介绍前两种方法。

(1)利用内存中的坐标文件设置后视点。

利用内存中的坐标文件设置后视点操作过程见图 14-4。

操作过程	操作键	显示
①在放样菜单 1/2 按数字键[2](设置后视点)	[2]	放样 1/2 1.设置测站点 2.设置后视点 3.设置放样点 P1↓
②按[F1](输入)键	[F1]	放样 设置后视点 点名：1 输入 调用 NE/AZ 确认
③输入点号,按[F4](确认)键	输入点号 [F4]	放样 设置后视点 点名：2 回退 调用 数字 确认
④显示该点坐标,按[F4](是)键,屏幕显示后视方位角		设置后视点 NBS：100.000 m EBS：100.000 m ZBS：10.000 m >确定吗？ [否] [是] 请照准后视 HR：45° 00′ 00″ [否] [是]
⑤照准后视点,按[F4](是)键,出现“设置!”2 s,屏幕返回放样菜单 1/2	照准后视点 [F4]	放样 1/2 1.设置测站点 2.设置后视点 3.设置放样点 P1↓

图 14-4　利用内存中的坐标文件设置后视点操作过程

(2)直接键入坐标数据设置后视点。

直接键入坐标数据设置后视点操作过程见图 14-5。

操作过程	操作键	显示
①在放样菜单 1/2 按数字键[2](设置后视点),进入后视设置功能,按[F3](NE/AZ)键	[2] [F3]	放样 设置后视点 点名: 6 输入 调用 NE/AZ 确认
②输入坐标值,按[F4](确认)键	输入坐标 [F4]	设置后视点 NBS: 0.000 m EBS: 0.000 m ZBS: 0.000 m 回退 角度 确认
③系统根据测站点和后视点的坐标计算出后视方位角		请照准后视 HR: 125° 00′ 00″ [否] [是]
④照准后视点	照准后视点	请照准后视 HR: 125° 00′ 00″ [否] [是]
⑤按[F4](是)键,屏幕返回放样菜单 1/2	[F4]	放样 1/2 1.设置测站点 2.设置后视点 3.设置放样点 P1↓

图 14-5 直接键入坐标数据设置后视点操作过程

(四)实施放样

实施放样有两种方法可供选择:①调用内存中的坐标值;②直接键入坐标值。

这里以调用内存中的坐标值为例说明。调用内存中的坐标值实施放样的操作过程见图 14-6。

操作过程	操作键	显示
①在放样菜单 1/2 按数字键[3](设置放样点)	[3]	放样 1/2 1.设置测站点 2.设置后视点 3.设置放样点 P1↓
②按[F1](输入)键	[F1]	放样 设置放样点 点名：8 输入　调用　坐标　确认
③输入点号,按[F4](确认)键	输入点号 [F4]	放样 设置放样点 点名：1 回退　调用　数字　确认
④系统查找该点名,并在屏幕上显示该点坐标,按[F4](是)键		设置放样点 N：50.000 m E：50.000 m Z：10.000 m >确定吗？　[否]　[是]
⑤输入目标高	输入目标高 [F4]	输入目标高 目标高：1.500 m 回退　确认
⑥当放样点设定后,仪器就进行放样元素的计算。 HR:放样点的水平角计算值 HD:仪器到放样点的水平距离计算值 照准棱镜中心,按[F1](距离)键	照准 [F1]	放样 计算值 HR=45° 00′ 00″ HD=113.286 m 距离　坐标
⑦系统计算出仪器照准部应转动的角度。 HR:实际测量的水平角 dHR:对准放样点仪器应转动的水平角 = 实际水平角 - 计算的水平角 当 dHR = 0°0′00″时,即表明找到放样点的方向		HR：2° 09′ 30″ dHR：22° 39′ 30″ 平距： dHD: dZ: 测量　模式　标高　下点

图 14-6　调用内存中的坐标值实施放样的操作过程

操作过程	操作键	显示
⑧按[F1](测量)键。 平距:实测的水平距离 dHD :对准放样点尚差的水平距离 dZ = 实测高差 - 计算高差	[F1]	HR: 2° 09′ 30″ dHR=22° 39′ 30″ 平距*[3次]-< m dHD: dZ: 测量 模式 标高 下点 HR: 2° 09′ 30″ dHR=22° 39′ 30″ 平距:25.777 m dHD:-5.321 m dZ:1.278 m 测量 模式 标高 下点
⑨按[F2](模式)键进行精测	[F2]	HR: 2° 09′ 30″ dHR=22° 39′ 30″ 平距*[重复]-< m dHD:-5.321 m dZ:1.278 m 测量 模式 标高 下点 HR: 2° 09′ 30″ dHR=22° 39′ 30″ 平距:25.777 m dHD:-5.321 m dZ:1.278 m 测量 模式 标高 下点
⑩当显示值 dHR、dHD 和 dZ 均为 0 时,则放样点的测设已经完成		HR: 2° 09′ 30″ dHR=0° 00′ 00″ 平距:25.777 m dHD:0.000 m dZ:0.000 m 测量 模式 标高 下点
⑪按[ESC]键,返回放样计算值界面,按[F2](坐标)键,即显示坐标的差值	[F2]	放样 计算值 HR=45° 00′ 00″ HD=113.286 m 距离 坐标 HR: 2° 09′ 30″ dHR=0° 00′ 00″ dN:0.322 m dE:0.286 m dZ:0.577 m 测量 模式 标高 下点
⑫按[F4](下点)键,进入下一个放样点的测设	[F4]	放样 设置放样点 点名: 2 回退 调用 数字 确认

续图 14-6

五、注意事项

(1)在放样前应做好充分的准备工作,分组实习、确定负责人,全站仪的电池、备用电池均应充足电等。

(2)注意已知点坐标输入的正确性。

(3)后视定向要正确。

(4)放样后要进行检核,并且满足一定的精度。

六、习题

(1)利用全站仪进行坐标放样时,后视定向操作中,输入后视点坐标等信息后是否还要瞄准并测量?

(2)使用 NTS - 360 全站仪内存中的坐标数据设置后视点如何操作?

(3)使用 NTS - 360 全站仪实施放样有哪些方法可以选择?

七、实训考核与评价

评价项目	评价内容	权重	成绩	总评
实训过程	实训的步骤是否正确,操作是否规范,态度是否认真,仪器及工具的安全使用情况,发现和解决问题的能力等	40%		
实训成果	是否完成实训任务,成果是否合格	20%		
小组互评	在小组中发挥的作用,协作精神等	20%		
教师评价	根据实训考勤、任务完成情况、工作态度、安全生产情况,结合实训全过程的表现综合评价	20%		

实训 15　高程与坡度线放样

一、实训的目的与要求

(一)知识要求

(1)理解水准测量的基本知识,如前视点、后视点等。

(2)理解坡度的含义,熟悉高程计算的方法。

(3)了解高程和坡度线放样的基本知识。

(二)职业能力要求

(1)具备操作自动安平水准仪的能力。

(2)具备放样已知高程点的能力。
(3)具备高程计算的能力。
(4)具备放样坡度线的能力。

(三)职业素质要求

(1)培养学生团结协作、踏实肯干的工作作风。
(2)培养学生实事求是、严肃认真的科学态度。
(3)培养学生忠于职守、乐于奉献的职业观念。

二、实训仪器与工具

水准仪 1 台,水准尺 2 把,木桩若干,小钢尺 1 把,皮尺 1 把,钉锤 1 把,红色笔 1 支,记录板 1 块。

三、实训任务

(1)已知高程点的放样。
(2)已知坡度线的放样。

四、实训过程

(一)已知高程点的放样

如图 15-1 所示,在实训场地选定 A、B 两点,并打木桩。假设已知 A 点的高程 H_A 为 47.57 m,B 点的设计高程 H_B 为 48.34 m。下面将 B 点的设计高程放样到实地。

在 A 点和 B 点之间安置水准仪,读取 A 点上水准尺的读数为 a,则水准仪视线高程 H_i 为

$$H_i = H_A + a$$

计算前视水准尺当尺底为设计高程时的水准尺读数 b:

$$b = H_i - H_B$$

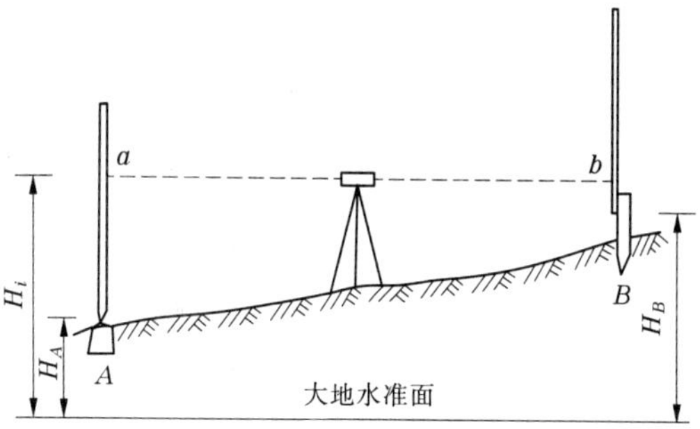

图 15-1　已知高程点的放样示意图

在 B 点将前视尺紧贴木桩,上下慢慢移动水准尺,当前视读数为 b 时,用红色铅笔在尺底零点位置画一横线,即为测设高程点的位置。

当放样点的设计高程比实际地面高程低时，应使设计高程增加一整数，以使高程线位置标注在桩上，但应在桩上用符号注明下挖数。

（二）已知坡度线的放样

在路线建设工程中，经常要测设指定的坡度线。

坡度是指线段两端的高差 h 与水平距离 D 之比，通常用 i 表示：

$$i = \frac{h}{D} \times 100\%$$

已知坡度线的放样是指根据施工现场附近已知高程点、设计坡度和坡度端点的设计高程，将坡度线上各点的设计高程标定在地面上。

常用的方法有水平视线法和倾斜视线法。

如图 15-2 所示，在实训场地设置 A、B 两点，假定 A 点为路线的起点，B 点为路线的终点。设已知 A 点的高程 H_A 为 65.450 m，设计坡长 200 m，设计坡度 $i = -5‰$，起点 A 的里程为 K0 +000，试放样每 50 m 一点的坡度线位置。

（1）水平视线法。

①计算各点的设计高程 $H_{设}$，则

$$H_{设} = H_A + id$$

例如，$H_{+50} = 65.450 - \frac{5}{1\ 000} \times 50 = 65.200$ m。

分别计算 H_{+100}、H_{+150} 和 H_{+200} 各点的高程。

②在适当位置安置水准仪，瞄准 A 点上的水准尺，读取后视读数 a，计算水准仪视线高程 H_i，则视线高程 H_i 为

$$H_i = H_A + a$$

③计算出各桩点坡度线位置的前视读数：

$$b_i = H_i - H_{设}$$

分别计算 H_{+50}、H_{+100}、H_{+150} 和 H_{+200} 点的前视读数。

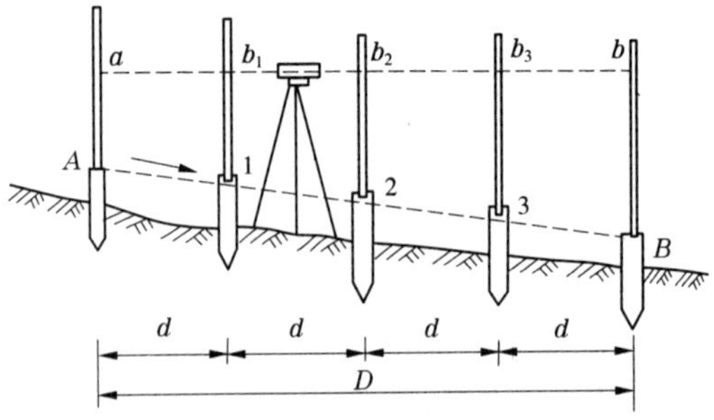

图 15-2　水平视线法示意图

④从起点 A 开始，瞄准终点 B，每 50 m 打一木桩并依次编号。

⑤按放样已知高程点的方法在各桩的侧面上标出坡度线位置。

（2）倾斜视线法。

①如图 15-3 所示，从起点 A 开始，瞄准终点 B 定线，每 50 m 打一木桩并依次编号。

②已知 A 点的高程，根据 AB 的坡度 i 和两点间的距离 D，计算出 B 点的高程 H_B：

$$H_B = H_A + iD$$

③用放样已知高程点的方法，将 B 点的设计高程标定在地面的木桩上。

④在 A 点安置水准仪，使一个脚螺旋在 AB 方向上，另两个脚螺旋的连线大致与 AB 方向线垂直，量取仪器高 τ。

⑤转动 AB 方向的脚螺旋和微倾螺旋，使十字丝的横丝对准 B 尺上的读数为仪器高 τ。

⑥分别在各桩号上依次立水准尺，上下移动水准尺使读数为 τ，紧贴尺底画一道红线，就是设计坡度线。

由于水准仪望远镜纵向移动有限，若设计坡度较大，超出水准仪脚螺旋所能调节的范围，则可用经纬仪（或全站仪）放样，其放样方法同上。

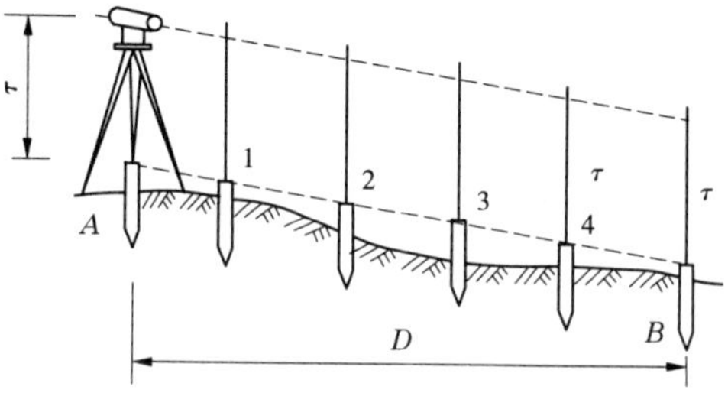

图 15-3　倾斜视线法示意图

五、技术要求

《公路勘测规范》（JTG C10—2007）规定：中桩高程放样时，高程点的放样高差与设计高差之差≤3 cm。其他各点高程放样限差按相应的规范执行。

六、注意事项

（1）在放样之前应对水准仪进行检验。

（2）读数之前，应注意检查视差是否存在，若视差存在应消除视差后再读数。

（3）当放样点的设计高程低于地面高程时，应使设计高程增加一整数，以使高程线位置标注在桩上，并在桩上用符号注明下挖数。

七、记录与计算

将实训数据填入高程放样表（见表 15-1）中。

表 15-1 高程放样表

日期______ 天气______ 班组______ 仪器号______ 观测者______ 记录者______

已知点高程	后视读数	视线高程	放样点高程	前视读数

八、习题

(1)如何整平自动安平水准仪的圆水准器?

(2)简述已知高程点的放样方法。

(3)坡度的含义是什么?

(4)简述坡度线的放样方法。

九、实训考核与评价

评价项目	评价内容	权重	成绩	总评
实训过程	实训的步骤是否正确,操作是否规范,态度是否认真,仪器及工具的安全使用情况,发现和解决问题的能力等	40%		
实训成果	是否完成实训任务,成果是否合格	20%		
小组互评	在小组中发挥的作用,协作精神等	20%		
教师评价	根据实训考勤、任务完成情况、工作态度、安全生产情况,结合实训全过程的表现综合评价	20%		

实训 16　圆曲线测设

一、实训的目的与要求

(一)知识要求

(1)理解圆曲线的主点,如直圆点(ZY)、圆直点(YZ)和曲中点(QZ)的含义。

(2)掌握主点里程计算的方法。

(3)熟悉圆曲线详细设桩的方法。

(4)理解切线支距法和偏角法的含义。

(5)熟悉切线支距法、偏角法测设数据计算公式。

(6)熟悉坐标的计算原理。

(7)掌握圆曲线坐标计算方法。

(8)熟悉利用全站仪进行圆曲线测设的方法。

(二)职业能力要求

(1)具有计算圆曲线主点测设要素的能力。

(2)具有计算圆曲线主点里程的能力。

(3)具备测设圆曲线主点的能力。

(4)具备计算切线支距法测设数据的能力。

(5)具备运用切线支距法进行圆曲线详细测设的能力。

(6)具备计算偏角法测设数据的能力。

(7)具备运用偏角法进行圆曲线详细测设的能力。

(8)具备圆曲线主点和细部点坐标计算的能力。

(9)具备利用全站仪测设圆曲线的能力。

(三)职业素质要求

(1)培养学生团结协作、踏实肯干的工作作风。

(2)培养学生实事求是、严肃认真的科学态度。

(3)培养学生忠于职守、乐于奉献的职业观念。

二、实训仪器与工具

经纬仪和全站仪各 1 台,钢尺 1 把,皮尺 1 把,木桩若干,钉锤 1 把,测钎若干,十字架 1 个,记录板 1 块,红色铅笔 1 支。

三、实训任务

(1)圆曲线主点的测设。

(2)切线支距法详细测设圆曲线。

(3)偏角法详细测设圆曲线。

(4)全站仪测设圆曲线。

四、实训过程

(一)圆曲线主点的测设

(1)在实训场地任意选定三点,分别定为 JD_1、JD_2 和 JD_3,并设 JD_2 的里程为 K3 + 137.54,如图 16-1 所示。

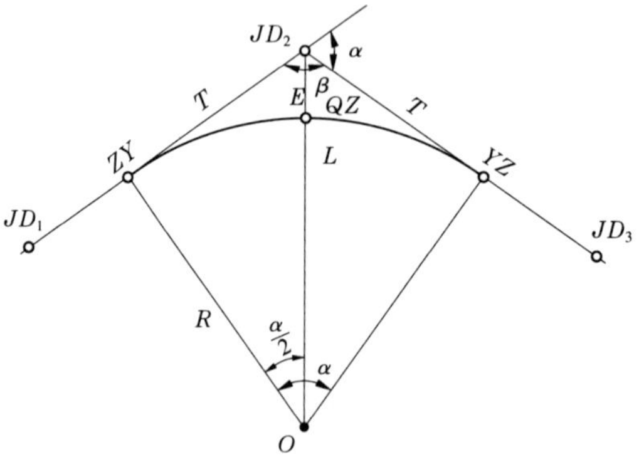

图 16-1　圆曲线主点测设示意图

(2)在 JD_2 上安置仪器,观测路线的右角 β,则路线的右转角 α 为

$$\alpha = 180° - \beta$$

(3)选定圆曲线半径 R。

(4)根据圆曲线半径 R 和线路转角 α,计算圆曲线的测设元素和主点的里程,填入相应表中。

①圆曲线测设元素计算。

切线长:
$$T = R\tan\frac{\alpha}{2}$$

曲线长:
$$L = R\alpha\ (\alpha \text{ 的单位为 rad})$$

外矢距:
$$E = \frac{R}{\cos\frac{\alpha}{2}} - R = R\left(\sec\frac{\alpha}{2} - 1\right)$$

切曲差:
$$D = 2T - L$$

②圆曲线主点里程的计算。

$$ZY\text{ 里程} = JD\text{ 里程} - T$$
$$YZ\text{ 里程} = ZY\text{ 里程} + L$$
$$QZ\text{ 里程} = YZ\text{ 里程} - \frac{L}{2}$$
$$JD\text{ 里程} = QZ\text{ 里程} + \frac{D}{2}(\text{检核})$$

(5)分别照准交点 JD_1 和 JD_3,测设切线长 T,打上木桩,钉小钉,得圆曲线的起点 ZY 和终点 YZ。

(6)瞄准交点 JD_3,使水平度盘置为 0°00′00″,顺时针测设$\frac{1}{2}(180° - \alpha)$,得分角线方向,并在该方向上测设外矢距 E,打上木桩,钉小钉,得圆曲线中点 QZ。

(二)切线支距法详细测设圆曲线

(1)建立以圆曲线的起点 ZY 或终点 YZ 为原点,以切线为 x 轴,以过原点的半径为 y 轴的直角坐标系,如图 16-2 所示。

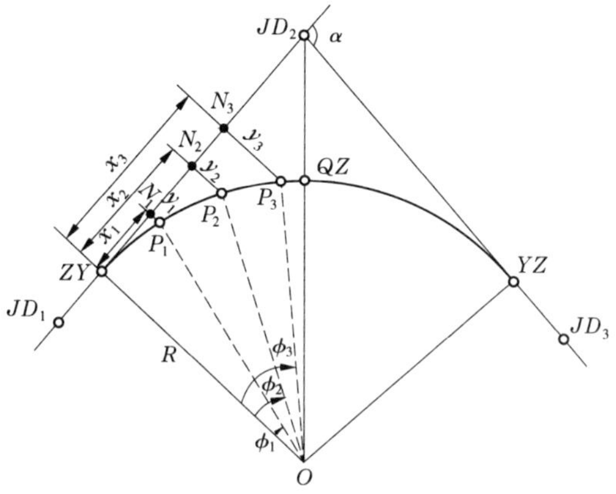

图 16-2　切线支距法详细测设圆曲线示意图

(2)根据圆曲线半径 R 的大小,选择适当的桩距,在圆曲线上采用整桩号设桩,并计算各桩点 P_i的坐标(x_i,y_i),则 P_i点的坐标为

$$x_i = R\sin\varphi_i$$

$$y_i = R(1 - \cos\varphi_i)$$

式中,$\varphi_i = \frac{l_i}{R} \times \frac{180°}{\pi}$。

(3)在 ZY 点上安置经纬仪,瞄准交点 JD_2,沿视线以 ZY 为起点分别丈量横坐标 x_i,得垂足 N_i。

(4)在垂足 N_i点用方向架或经纬仪定出垂线方向,并沿该方向丈量横坐标 y_i,分别得到各细部点 P_i。

(5)另一半曲线,由 YZ 点测设,方法与上述相同。

(三)偏角法详细测设圆曲线

(1)以圆曲线的起点 ZY 或终点 YZ 至圆曲线上任意一点的弦线与切线之间的弦切角(也称偏角)Δ_i 和弦长 c_i来确定点 P_i的位置,如图 16-3 所示。

(2)根据圆曲线半径 R 的大小,选择适当的桩距,在圆曲线上采用整桩号设桩,并计算各桩点 P_i的偏角 Δ_i 和弦长 c_i,则

$$\Delta_i = \frac{1}{2}\varphi_i = \frac{l_i}{2R} \times \frac{180°}{\pi}$$

$$c_i = 2R\sin\frac{\varphi_i}{2} = 2R\sin\Delta_i$$

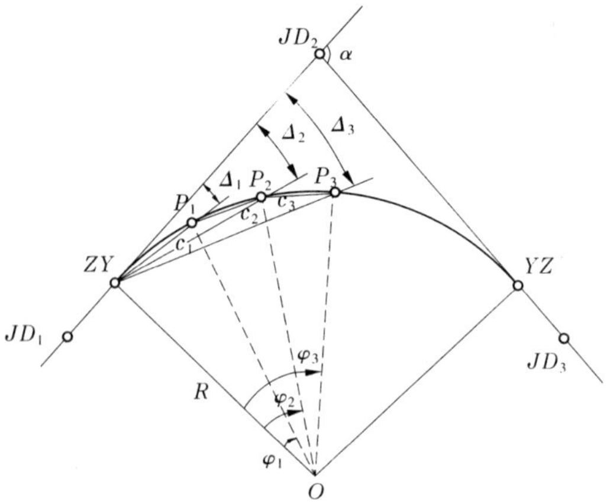

图 16-3　偏角法详细测设圆曲线示意图

式中，$\varphi_i = \dfrac{l_i}{R} \times \dfrac{180°}{\pi}$。

（3）在 ZY 点上安置经纬仪，瞄准交点 JD_2，把水平度盘置为 $0°00'00''$，当路线右转时，顺时针转动照准部至水平度盘读数为 Δ_1，当路线左转时，逆时针转动照准部至水平度盘读数为 $360° - \Delta_1$，在视线方向上量出相应的弦长 c_1，定出 P_1 点，设桩。

（4）按照上述方法，依次定出圆曲线上各桩点 P_i 的点位，直至曲中点 QZ，若通视条件好，可一直测至 YZ 点。

（5）当弦线过长时，也可从圆曲线终点 YZ 开始进行圆曲线详细测设，方法与上述相同。

（四）全站仪测设圆曲线

圆曲线主点和细部点的测设可用全站仪同步进行，全站仪只需安置在任何已知点上（如已知控制点、路线的交点或转点等），便可进行曲线的测设。但要先计算出圆曲线主点和细部点在路线坐标系下的坐标，然后根据路线导线点或路线交点测设圆曲线主点和细部点。

（1）圆曲线主点坐标的计算。

如图 16-4 所示，若已知 JD_{i-1} 和 JD_i 的坐标，可按坐标反算公式计算出第一条切线（直线 JD_{i-1}—JD_i）的方位角。根据路线的转角（或路线的右角）推算出第二条切线（直线 JD_i—JD_{i+1}）和分角线的方位角。

若第一条切线（直线 ZY—JD）、第二条切线（直线 JD—YZ）和分角线的方位角分别用 α_1、α_2 和 α_3 表示，则

$$\alpha_2 = \alpha_1 + \alpha（右转角）$$

$$\alpha_2 = \alpha_1 - \alpha（左转角）$$

$$\alpha_3 = \alpha_2 + \frac{1}{2}(180° - \alpha)（右转角）$$

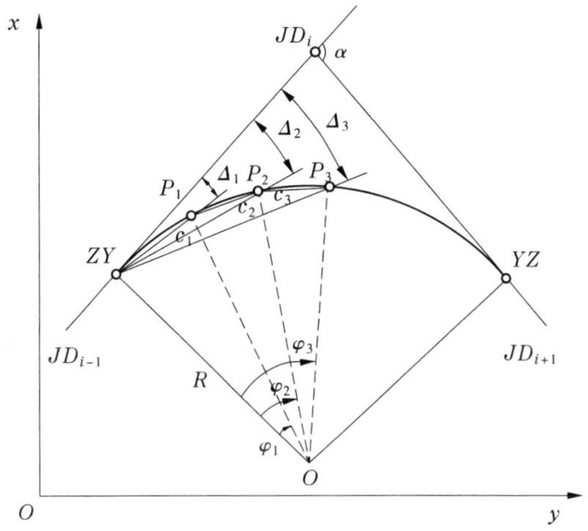

图 16-4　主点坐标计算示意图

$$\alpha_3 = \alpha_2 - \frac{1}{2}(180° - \alpha)(\text{左转角})$$

根据坐标正算公式，由交点坐标、切线方位角和切线长计算出圆曲线起点 *ZY* 和终点 *YZ* 的坐标；由交点坐标、分角线方位角和外距计算出曲线中点 *QZ* 的坐标。

(2)圆曲线细部点坐标的计算。

由第一条切线的方位角 α_1 和各待测设桩点 P_i 的偏角 Δ_i，计算出圆曲线起点 *ZY* 至各桩点的方位角 α_i。由方位角、圆曲线起点 *ZY* 至各桩点的弦长 c_i 和 *ZY* 点的坐标，根据坐标正算公式可计算出各待测设桩点 P_i 的坐标(x_i, y_i)。

细部点的方位角：

$$\alpha_i = \alpha_1 + \Delta_i$$

细部点的坐标：

$$x_i = x_{ZY} + c_i\cos\Delta_i$$

$$y_i = y_{ZY} + c_i\sin\Delta_i$$

(3)将已知点坐标数据(如已知路线控制点、交点等点的坐标)和待测设点坐标数据传入全站仪。

(4)将全站仪安置在某已知点上，后视另一已知点，输入仪器高和棱镜高。

(5)调用坐标放样程序，当输入放样点的点号后，全站仪自动计算并显示待放样点的放样角度 β 和放样距离 s。

(6)松开水平制动螺旋，转动照准部，使放样角为 β 值或 d_β 变为 0°00′00″。

(7)在望远镜照准的方向上，置反射棱镜并测得距离 d，仪器将测得的距离 d 与 s 比较，显示屏上显示其差值 $\Delta_D = d - s$。前后移动棱镜，直到 Δ_D 为零，该点即为要放样的点的确切位置。

(8)重复上述(5)~(7)步操作，即可测设出圆曲线的主点和细部点。

五、技术要求

根据《工程测量规范》(GB 50026—2007),曲线段中线桩位测量闭合差应符合表16-1的要求。

表16-1 曲线段中线桩位测量闭合差限差

线路名称	纵向相对闭合差		横向闭合差(cm)	
	平地	山地	平地	山地
一级及以上公路	1/2 000	1/1 000	10	10
二级及以下公路	1/1 000	1/500	10	15

根据《公路勘测规范》(JTG C10—2007),中桩平面桩位精度要求见表16-2。

表16-2 中桩平面桩位精度

公路等级	中桩位置中误差(cm)		桩位检测之差(cm)	
	平地、微丘	重丘、山岭	平地、微丘	重丘、山岭
一级、二级公路	≤ ±5	≤ ±10	≤10	≤20
三级及以下公路	≤ ±10	≤ ±15	≤20	≤30

六、注意事项

(1)在曲线测设计算时,距离计算到cm,角度计算至0.1′。

(2)切线支距法测设曲线时,为了避免支距过长,一般由*ZY*点或*YZ*点分别向*QZ*点施测。

(3)偏角法测设曲线时,应注意偏角的拨转方向及水平度盘读数。

(4)偏角法测设曲线时,为避免弦线过长,一般由曲线两端的*ZY*、*YZ*点分别向*QZ*点施测。

七、记录与计算

(1)将观测路线右角、计算的路线转角、圆曲线的测设元素和主点的里程填入表16-3。

(2)将切线支距法测设的数据填入表16-4。

(3)将偏角法测设的数据填入表16-5。

(4)将全站仪测设的数据填入表16-6。

表 16-3　圆曲线主点测设计算表

日期______　天气______　班组______　仪器号______　观测者______　记录者______

测站	盘位	目标	水平度盘读数 (°　′　″)	半测回角值 (°　′　″)	一测回角值 (°　′　″)	路线转角 (°　′　″)

圆曲线测设元素及里程的计算

半径 R		交点 JD_2	K3 + 137.54
圆曲线测设元素	数值	圆曲线主点	数值
切线长 T		直圆点 ZY	
曲线长 L		圆直点 YZ	
外矢距 E		曲中点 QZ	
切曲差 D		检核 JD_2	

表 16-4　切线支距法详细测设圆曲线计算表

日期______　天气______　班组______　仪器号______　观测者______　记录者______

曲线点号	里程桩号（m）	各桩到起点曲线长(m)	x(m)	y(m)	备注

表 16-5　偏角法详细测设圆曲线计算表

日期______　天气______　班组______　仪器号______　观测者______　记录者______

曲线点号	里程桩号（m）	各桩到起点曲线长（m）	偏角 Δ_i（°　′　″）	弦长 c_i（m）	备注

表 16-6　圆曲线主点和细部点坐标计算表

日期______　天气______　班组______　仪器号______　观测者______　记录者______

桩号	偏角 Δ（°　′　″）	方位角 α（°　′　″）	弦长 c（m）	坐标（m）	
				x	y
ZY					

八、习题

(1)试写出圆曲线测设元素和主点里程的计算公式。
(2)简述圆曲线主点的测设步骤。
(3)简述切线支距法详细测设圆曲线的步骤。
(4)简述偏角法详细测设圆曲线的步骤。
(5)简述全站仪测设圆曲线的步骤。

九、实训考核与评价

评价项目	评价内容	权重	成绩	总评
实训过程	实训的步骤是否正确,操作是否规范,态度是否认真,仪器及工具的安全使用情况,发现和解决问题的能力等	40%		
实训成果	是否完成实训任务,成果是否合格	20%		
小组互评	在小组中发挥的作用,协作精神等	20%		
教师评价	根据实训考勤、任务完成情况、工作态度、安全生产情况,结合实训全过程的表现综合评价	20%		

第二部分　综合实训

综合实训是测量课程的延伸,也是各单项技能的有机结合,目的是使学生巩固并加深课程教学中所学的理论知识,进一步加强和训练基本技能,熟练使用各种测量仪器设备,提高综合应用的能力,同时要求学生提交合格的测绘产品。综合实训在实施中以校内实训场实训为主,结合生产任务,灵活调度。

通过综合实训,学生要把平时学习的知识、技能在生产实践中进行广泛应用,增强实际动手能力,提高综合运用所学知识分析问题、解决问题的能力,以便进一步巩固和透彻理解工程测量知识,以达到工程测量课程学习目标。同时,通过综合实训也可以强化学生科学认真、实事求是的工作作风、吃苦耐劳的劳动精神和团结协作的集体观念。另外,学生在业务组织能力和实际工作能力方面得到锻炼,为今后从事测绘工作打下良好基础。

实训 1　小地区控制测量

小地区控制测量包括平面控制测量和高程控制测量。平面控制测量采用图根导线测量,高程控制测量采用四等水准测量。

一、所需仪器设备

每个实习小组配备自动安平或 DS_3 水准仪 1 套,双面水准直尺 1 副,全站仪 1 套,棱镜和三脚架各 2 个,钢尺 1 盘,锤子 1 把,木桩、小铁钉若干,外业记录手簿,内业计算表等。

二、技术依据

(1)《工程测量规范》(GB 50026—2007)。

(2)《国家三、四等水准测量规范》(GB/T 12898—2009)。

(3)测量综合实训指导书。

三、图根导线测量

(1)导线测量的技术要求见表 1-1。

(2)导线测量外业施测。

外业工作包括选择导线点、测量导线转折角、量边、定向等。

在指导教师的带领下到测区查看地形,了解测区的范围、测区的地形条件、地物的分布、已知控制点的位置等。特别注意房屋、道路的分布情况,初步确定导线的走向和位置。

①选择导线点。

控制点的密度应满足表 1-2 的要求。

表 1-1　导线测量技术要求

<table>
<tr><th rowspan="2">等级</th><th rowspan="2">导线长度
(km)</th><th rowspan="2">平均边长
(km)</th><th rowspan="2">往返丈量较差
相对误差</th><th rowspan="2">测角中误差
(″)</th><th rowspan="2">导线全长相
对闭合差</th><th colspan="2">测回数</th><th rowspan="2">角度闭合差
(″)</th></tr>
<tr><th>DJ_2</th><th>DJ_6</th></tr>
<tr><td>图根</td><td>≤1.0M</td><td>≤1.5 测图
最大视距</td><td>1/3 000</td><td>±20</td><td>1/2 000</td><td>—</td><td>1</td><td>$\pm40\sqrt{n}$(首级)
$\pm60\sqrt{n}$(一般)</td></tr>
</table>

注:n 为测角个数;M 为测图比例尺分母。

表 1-2　平坦开阔地区的图根控制点的密度

测图比例尺	1:500	1:1 000	1:2 000	1:5 000
图根点密度(点/km^2)	150	50	15	5
每幅图的控制点数(点)	9	12	15	20

根据选点的原则,在老师指导下实地确定导线点的地面位置,具体工作包括:

a. 定点:确定导线点在地面上的位置。

b. 标定点位:在混凝土路面上打木桩,不方便时可用短钢筋打入路面,在钢筋顶钻一小孔表示点位。临时用点位也可用红漆在路面上画圆圈,在圈内画一“十”字或点一小红点。土地上用木桩标定导线点,并在木桩顶上钉一小铁钉标定点位。

c. 点编号:用红漆对导线点进行编号,编号可采用阿拉伯数字,也可采用英语字母加下标阿拉伯数字,如 A_1、A_2…或 B_1、B_2…。

d. 绘制路线草图:为方便后面的测量和计算,要绘制导线路线草图。导线点用小圆圈表示,导线边用直线表示。按上北下南、左西右东的位置关系进行绘制。导线点附近标注点号。

②测量导线转折角。

由于导线转折角都是单角,因此采用测回法测量。应做到:记录清晰、齐全;字码工整;计算准确;绝不能有涂改现象。

要求:每个学生独立操作完成所有角度的观测,独立完成角度的记录与计算。

③量边。

导线各边的测量,采用全站仪操作如下:

a. 在被测导线边的一端安置全站仪(对中、整平),在另一端竖立棱镜。

b. 开机,按 Power 键,仪器(显示屏)进入测角功能状态。

c. 瞄准棱镜。

打开照准部制动螺旋和望远镜制动螺旋,瞄准竖立在导线边另一端点的棱镜中心。要求望远镜十字丝交点对准棱镜中心。

d. 按测距功能键，显示屏显示的 HD 后面的数字即为要测的导线边的水平距离。

e. 记录。安置一次仪器可测量相邻的两条导线边长度。要求测 1 个测回（测 3 次）。

要求：每个学生独立操作全站仪测量 1 ~ 2 站。其相对误差 $K\leqslant 1/3\ 000$（平坦地区），或 $K\leqslant 1/1\ 000$（困难地区）。

④定向。

对于独立控制的导线，为了确定导线的方位，需要测量导线起始边的方位角。可以用罗盘仪来测量，具体方法如下：

a. 打开三脚架到适当高度，将罗盘仪连接到三脚架上，安置罗盘仪在起始点上（对中、整平）。在定向边的另一端竖立标杆。

b. 打开水平制动螺旋和望远镜制动螺旋，瞄准定向边的另一端点上的标杆（要求瞄准标杆下部），调节磁针固定螺旋，使小磁针落在顶针上自由摆动，待磁针静止时，读取磁针北端所指度盘刻度数，即为定向边方位角。要求读取度盘刻度数时最小读到 0.5°即可。然后测量其反方位角。要求 $\alpha_{正} \pm 180° - \alpha_{反} \leqslant 0.5°$，满足要求时，取平均值作为最后结果，即

$$\alpha = \frac{\alpha_{正} + \alpha_{反} \pm 180°}{2}$$

（3）内业计算。

①角度闭合差计算与调整。

闭合导线：

$$f_\beta = \sum \beta_{测} - \sum \beta_{理} = \sum \beta_{测} - (n-2) \times 180°$$

附合导线：

$$f_\beta = (180°n + \sum \beta_{左}) - (\alpha_{终} - \alpha_{始})$$

$$f_\beta = (180°n - \sum \beta_{右}) - (\alpha_{终} - \alpha_{始})$$

允许角度闭合差：

$$f_{\beta允} = \pm 40'' \sqrt{n}$$

式中，n 为角的个数。

调整数：

$$v = \frac{f_\beta}{n}$$

②方位角推算。

利用调整以后的角度和起始方位角推算，其公式为

$$\alpha_{前} = \alpha_{后} \pm 180° \pm \beta$$

上式中的 ±180°，若 $\alpha_{后}$ 小于 180°，则取 +180°，否则取 −180°。上式中的 $\pm\beta$，若 β 为左角，取 $+\beta$，否则取 $-\beta$。

要求：由最后一条边的方位角再推算已知边的方位角，一定等于已知方位角，否则计算有误。

③坐标增量推算。计算公式为

$$\Delta x = D\cos\alpha$$

$$\Delta y = D\sin\alpha$$

④坐标增量闭合差计算与调整。

闭合导线：

$$f_x = \sum \Delta x_{测}$$

$$f_y = \sum \Delta y_{测}$$

附合导线：

$$f_x = \sum \Delta x_{测}(x_C - x_B)$$

$$f_y = \sum \Delta y_{测}(y_C - y_B)$$

全长闭合差：

$$f = \sqrt{f_x^2 + f_y^2}$$

相对闭合差：

$$K = \frac{f}{\sum D} = \frac{1}{\sum D/f} \leqslant 1/2\ 000$$

调整值计算：

$$\delta_{xi} = -\frac{f_x}{\sum D}D_i$$

$$\delta_{yi} = -\frac{f_y}{\sum D}D_i$$

⑤坐标计算。

$$x_2 = x_1 + \Delta x_{12改}$$

$$y_2 = y_1 + \Delta y_{12改}$$

$$x_3 = x_2 + \Delta x_{23改}$$

$$y_3 = y_2 + \Delta y_{23改}$$

$$\vdots$$

最后推算出起点(或另一已知坐标点)坐标。两者应完全相等,以此作为坐标计算的校核。

要求:每个学生独立计算一份成果。

四、高程控制测量

高程控制测量采用四等水准测量。

(1)四等水准测量的主要技术要求见表1-3。

表1-3　四等水准测量的主要技术要求

等级	视线长度(m)	视线高度(m)	前后视距差(m)	前后视距累积差(m)	红黑面读数差(mm)	红黑面高差之差(mm)
四等	≤100	≥0.2	≤3	≤10	≤3	≤5

(2)水准点的选择。

为了施测方便,一般在选择水准点时,以导线点作为高程控制点,高程控制点的点号与导线点的点号相同。水准路线一般采用导线的路线(也可根据实际情况,自行确定水准路线的形式和走向)。

(3)观测要求。

①仪器设备要求:使用 DS_3 水准仪,须进行严格的检验和校正;使用双面 3 m 水准尺一副,其中一尺红面起始数为 4.687 m,另一尺红面起始数为 4.787 m。

②水准测量一个测站上的观测程序为“后—后—前—前”。

③每个同学独立完成水准路线观测,独立进行水准路线测量数据的记录和计算。记录要清晰,字码要工整,计算要准确,不允许有涂改现象发生。

④水准路线测量精度要求:$f_h = \pm 20\sqrt{L}$ mm,或 $f_h = \pm 6\sqrt{n}$ mm,式中 L 为路线长,km;n 为路线上的测站总数。

⑤内业计算:计算前应再次检查水准测量记录表中计算是否正确,然后填入高程计算表进行计算(按照教材格式绘制高程计算表)。

a. 高差闭合差计算:

闭合水准路线:

$$f_h = \sum h$$

附合水准路线:

$$f_h = \sum h - (H_{终} - H_{始})$$

b. 允许高差闭合差计算:

$$f_h = \pm 20\sqrt{L}\ \text{mm} \quad 或 \quad f_h = \pm 6\sqrt{n}\ \text{mm}$$

注意:当高差闭合差不能满足要求时,首先检查计算表中的数据转抄是否有误,计算是否正确。若转抄和计算没有问题,一定是外业测量错误,应分析出错的原因和出错的部位,有目的地进行返工,查找错误。

c. 闭合差调整值计算:

$$v_{hi} = -\frac{f_h}{\sum L} L_i \quad (要求保留到\ \text{mm}\ 位)$$

检核:

$$\sum v_{hi} = -f_h$$

d. 推算高程:根据起点已知高程依次计算各点高程。闭合水准路线要由最后一点高程计算出起点高程,它和已知高程一定相等;附合水准路线要由起点高程计算到另一已知高程,应和已知高程相等,依此校核计算是否有误。

要求:每个学生独立计算内业成果(表格样式参照第一部分实训 12)。

实训 2　道路中线测量

一、路线交点和转点的测设

(一) 路线交点的测设

交点是路线的转折点，即相邻两直线的交叉点，也叫转角点，通常用 JD_i 表示。交点是布设路线、详细测设直线和曲线的基本控制点。对于低等级的路线，常采用一次定测的方法直接在现场测设出交点的位置。对于高等级的路线或地形复杂的地段，一般先在初测的带状地形图上进行纸上定线，然后实地测设出交点的位置。本次实训采用纸上定线的方法，根据导线点的已知坐标和交点的设计坐标，采用全站仪极坐标法进行交点 JD_i 的测设。

极坐标法是根据地形图上确定的交点 JD_i 的坐标 (x_i, y_i)，利用初测导线点用全站仪将交点 JD_i 直接测设在地面上。具体测设方法可参见第一部分实训 15。

(二) 路线转点的测设

当相邻两交点之间距离较远或互不通视时，需要在其连线或延长线上测设一个或数个供放线、测角、量距时照准用的点，这些在测量中起传递方向作用的点称为转点，通常用 ZD_i 表示。转点的测设也可根据其设计坐标，采用全站仪极坐标法进行，具体测设方法可参见第一部分实训 14。

二、路线转角测定

路线转角是指路线由一个方向偏向另一个方向时，偏转后的方向与原方向延长线的夹角，通常用 α 表示。转角有左右之分，位于延长线右侧的，为右转角，用 α_y 表示；位于延长线左侧的，为左转角，用 α_z 表示，如图 2-1 所示。在路线测量中，转角 α 通常是通过观测路线右角计算求得的。

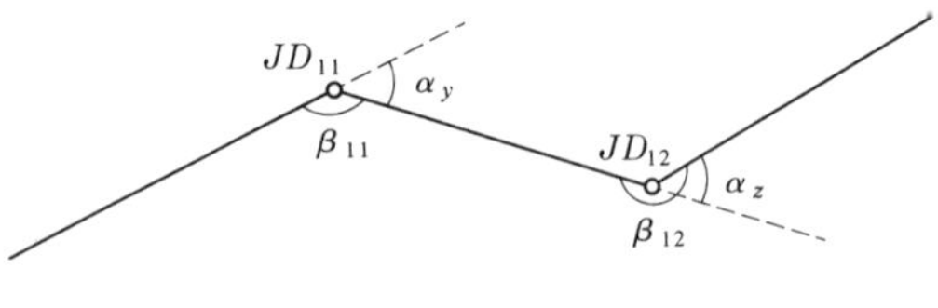

图 2-1　路线转角示意图

(一) 路线右角的观测

沿着路线前进的方向，以路线为界，位于路线右侧的水平角称为路线右角，通常用 β 表示。如图 2-1 所示，β_{11} 和 β_{12} 为右角。在路线测量中，一般采用测回法观测，使用仪器的精度不低于 6″。观测时两个半测回所测角值较差的限差视公路等级而定，高速公路、一级公路限差为 ±20″，二级及二级以下公路限差为 ±60″。如果较差在容许范围内，则取其平均值作为最后结果。本次实训测角限差为 ±60″。

(二)转角的计算

当右角 β 测定后,可根据 β 计算路线的转角 α。如图 2-1 所示,当右角 $\beta<180°$时,为右转角;当右角 $\beta>180°$时,为左转角,则

$$\alpha_y = 180° - \beta$$
$$\alpha_z = \beta - 180°$$

(三)分角线方向的标定

根据曲线测设的要求,右角测定后,在保持水平度盘位置不变的情况下,定出转角的分角线方向,并钉桩标志,以便将来测设曲线。如图 2-2 所示,$\alpha_{右}$ 为路线的右转角,设测角时后视方向的水平度盘读数为 a,前视方向的水平度盘读数为 b,分角线方向的水平度盘读数为 c。因 $\beta = a - b$,则

$$c = b + \frac{\beta}{2} \quad 或 \quad c = \frac{a+b}{2}$$

若为左转角,则

$$c = 180° + \frac{a+b}{2}$$

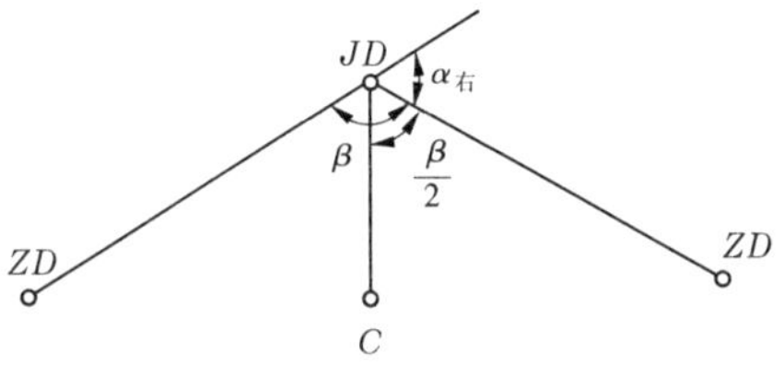

图 2-2 分角线方向的标定

三、中线里程桩的测设

从路线起点开始,沿路线方向在地面上每隔一段距离钉设木桩标志,这项工作称为中线里程桩的测设。里程桩亦称中桩,桩的正面写有桩号,背面写有编号,桩号表示该桩点至路线起点的里程数。如某桩距起点的距离为 1 234.56 m,则桩号为 K1 +234.56 m。编号反映的是桩间的排列顺序,以 0 ~9 为一组循环进行。里程桩分整桩和加桩两种。

根据《公路勘测规范》(JTG C10—2007)规定,在直线和曲线上设桩时,其桩距按表 2-1的要求设置。按规定桩距设置的桩称为整桩,它的里程桩号均为整数,且为要求桩距的整数倍。本次实训中要求直线段上采用 10 m 桩距设桩,曲线段上桩距按照选定的半径来确定。

表 2-1 中桩间距

直线(m)		曲线(m)			
平原、微丘	重丘、山岭	不设超高的曲线	$R \geq 60$	$30 \leq R < 60$	$R < 30$
50	25	25	20	10	5

注:R 为平曲线半径,m。

加桩是指在相邻整桩之间路线穿越重要地物处(如铁路、公路、旧有管道等)及地面坡度变化处要增设的桩。加桩又分为地形加桩、地物加桩、曲线加桩、地质加桩和断链加桩等。

对于路线的中线控制桩,如起点桩、终点桩、交点桩、公里桩、大中桥位桩以及隧道起终点桩等重要桩,一般采用截面为6 cm×6 cm的方桩;其余的里程桩一般采用截面为2.5 cm×6 cm的板桩。所有的中桩均应写明桩号和编号,在书写桩号时,除百米桩、公里桩和桥位桩需写明里程数外,其余的桩可以不写。在我国书写曲线加桩和关系加桩时,应在桩号前书写其缩写名称以便区分。目前,我国公路上采用的是汉语拼音的缩写名称,如表2-2所示。

表2-2　路线主要标志桩名称

标志桩名称	简称	汉语拼音缩写	英文缩写	标志桩名称	简称	汉语拼音缩写	英文缩写
转角点	交点	JD	IP	公切点	—	GQ	PCC
转点	—	ZD	TMP	第一缓和曲线起点	直缓点	ZH	TS
圆曲线起点	直圆点	ZY	BC	第一缓和曲线终点	缓圆点	HY	SC
圆曲线中点	曲中点	QZ	MC	第二缓和曲线起点	圆缓点	YH	CS
圆曲线终点	圆直点	YZ	EC	第二缓和曲线终点	缓直点	HZ	ST

钉桩时,方桩桩顶露出地面约2 cm,顶面钉一小钉表示点位。在距方桩20 cm左右设置指示桩,指示桩上书写方桩的名称、桩号和编号。在直线上指示桩应钉在路线的同一侧;交点桩的指示桩应钉在圆心和交点连线方向的外侧,字面朝向交点;曲线主点桩的指示桩均钉在曲线的外侧,字面朝向圆心。板桩一般一半露出地面,以便书写桩号与编号,字面一律背向路线前进方向。

四、圆曲线的测设

圆曲线的测设一般分两步进行:首先测设出圆曲线的主点,即圆曲线的起点(又称直圆点,通常用 *ZY* 表示)、圆曲线的中点(又称曲中点,通常用 *QZ* 表示)和圆曲线的终点(又称圆直点,通常用 *YZ* 表示);然后在主点间进行加密,按规定的桩距测设曲线上的其他里程桩,也称圆曲线详细测设。

(一)圆曲线主点的测设

具体测设方法可参见第一部分实训16。

(二)圆曲线的详细测设

在圆曲线主点测设完成后,即可进行圆曲线的详细测设。详细测设所采用的桩距 l_0 与曲线半径 R 有关,桩距的要求见表2-1,一般采用整桩号法设桩。圆曲线的详细测设方法有切线支距法、偏角法和极坐标法等。

此次实训要求采用偏角法,具体测设方法可参见第一部分实训16。

注意:随着全站仪和RTK技术的发展,它们在道路测设中的应用将逐步普及,特别是全站仪已经广泛应用于道路测设,其测设方法请参照圆曲线放样。

五、中线测量的精度要求

根据《工程测量规范》(GB 50026—2007),直线段中线桩位测量误差不应超过表 2-3 的规定。

表 2-3 直线段中线桩位测量误差

线路名称	纵向误差(m)	横向误差(cm)
一级及以上公路	$\frac{S}{2\ 000}+0.1$	10
二级及以下公路	$\frac{S}{1\ 000}+0.1$	10

注:S 为转点桩至中线桩的距离,m。

曲线段中线桩位测量闭合差应符合表 2-4 的要求。

表 2-4 曲线段中线桩位测量闭合差

线路名称	纵向相对闭合差		横向闭合差(cm)	
	平地	山地	平地	山地
一级及以上公路	1/2 000	1/1 000	10	10
二级及以下公路	1/1 000	1/500	10	15

根据《公路勘测规范》(JTG C10—2007),中桩平面桩位精度要求见表 2-5。

表 2-5 中桩平面桩位精度

公路等级	中桩位置中误差(cm)		桩位检测之差 (cm)	
	平地、微丘	重丘、山岭	平地、微丘	重丘、山岭
一级、二级公路	≤±5	≤±10	≤10	≤20
三级及以下公路	≤±10	≤±15	≤20	≤30

采用偏角法测定路线中桩,其闭合差应小于表 2-6 的规定。

表 2-6 偏角法测量闭合差

公路等级	纵向相对闭合差		横向闭合差(cm)		角度闭合差(″)
	平地、微丘	重丘、山岭	平地、微丘	重丘、山岭	
一级、二级公路	1/2 000	1/1 000	10	10	60
三级及以下公路	1/1 000	1/500	10	15	120

六、成果要求

(1)水平角观测(测回法)记录表(见表 2-7)。

(2)直线、曲线及转角一览表(见表 2-8)。

(3)偏角法测设数据计算表(见表 2-9)。

表 2-7　水平角观测（测回法）记录表

日期______　天气______　班组______　仪器号______　观测者______　记录者______

测站	盘位	目标	水平度盘读数 (°　′　″)	半测回角值 (°　′　″)	一测回角值 (°　′　″)	备注
1	2	3	4	5	6	7
	左					
	右					
	左					
	右					
	左					
	右					
	左					
	右					
	左					
	右					
	左					
	右					
	左					
	右					

表 2-8　直线、曲线及转角一览表

交点号	交点坐标		交点里程	转角值	曲线元素值					曲线主点里程			直线长度及方向			备注
	$N(x)$	$E(y)$			半径	切线	曲线	外距	切曲差	起点	曲中	终点	直线段	交点间	方位角	
1	2	3	4	5	6	7	8	9	10	11	12	13	14	15	16	17

表 2-9　偏角法测设数据计算表

交点 JD_i 圆曲线详细测设　$R=$　　　　$\alpha=$

曲线点号	里程桩号	各桩到起点曲线长(m)	$\Delta_i=\frac{l_i}{2R}\frac{180°}{\pi}=\frac{1}{2}\varphi_i$	$c_i=2R\sin\Delta_i$	备注
1	2	3	4	5	6
ZY					

实训 3　道路纵、横断面测量

一、道路纵断面测量

（一）中平测量

路线高程控制测量完成后，我们就可以进行路线的纵断面测量。路线纵断面测量的任务是测定路线中线上所有桩点（中桩）的地面高程并绘制纵断面图。测定中桩高程的工作称为中平测量，多采用水准测量的方法进行，可采用一台水准仪实施单程测量。一般是以两相邻水准点为一测段，从一个水准点开始，用视线高法，逐个测定各中桩的地面高程，直至附合到下一个水准点上，相邻水准点构成一条附合水准路线。如图 3-1 所示，将水准仪安置于Ⅰ处，在水准点 BM_1 上竖立水准尺，读取水准尺读数，作为后视读数。首先

读取转点 ZD_1 上水准尺的读数，作为前视读数。然后依次在各中桩上竖立水准尺，并读取水准尺读数，称为中视读数。在每一个测站上，应尽量多地观测中桩。再将仪器搬至Ⅱ处，后视转点 ZD_1，重复上述方法，直至闭合于 BM_2（图中略）。中视读数读至 cm，转点读数读至 mm。记录表见表 3-1。

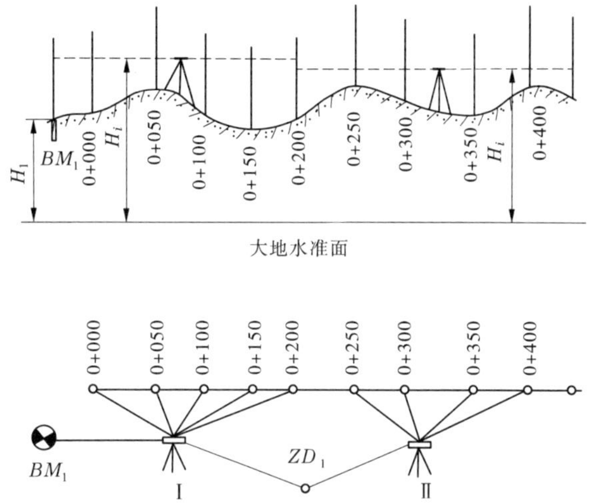

图 3-1 中平测量

表 3-1 中平测量记录表

测点	水准尺读数(m)			视线高(m)	高程(m)	备注
	后视	中视	前视			
BM_1	3.356			49.221	45.865	
0+000		2.89			46.33	
0+050		1.45			47.77	
0+100		2.92			46.30	
0+150		3.98			45.24	
0+200		3.05			46.17	
ZD_1	1.902		2.205	48.918	47.016	
0+250		0.96			47.96	
0+300		2.17			46.75	
0+350		2.70			46.21	
0+400		0.76			48.16	
ZD_2						
…						
BM_2						
…						

中桩及转点的高程按下式计算：

$$视线高程 = 后视点高程 + 后视读数$$

$$中桩高程 = 视线高程 - 中视读数$$

$$转点高程 = 视线高程 - 前视读数$$

水准路线从 BM_1 点开始终止于 BM_2 点，构成一条附合水准路线，根据《公路勘测规范》(JTG C10—2007)，其高差闭合差限差应符合表 3-2 的规定。

表 3-2　中桩高程测量精度

公路等级	闭合差(mm)	两次测量之差(cm)
高速公路，一、二级公路	$\leqslant 30\sqrt{L}$	≤5
三级及三级以下公路	$\leqslant 50\sqrt{L}$	≤10

注： L 为高程测量的路线长度，km。

测段闭合差在限差以内时不作平差，若超限应重测。依次观测其他各测段，求出所有中桩的地面高程。

(二)纵断面图绘制

纵断面图是根据路线上中桩的里程和高程绘制的。在绘制纵断面图时，应建立以里程为横坐标，高程为纵坐标的直角坐标系。为了明显地表示地势变化，纵断面图的竖直(高程)比例尺通常是水平(里程)比例尺的 10 倍。一般情况下，在平原、微丘地区，水平比例尺和竖直比例尺取 1∶5 000 和 1∶500，在山岭、重丘地区，水平比例尺和竖直比例尺分别取 1∶2 000 和 1∶200。纵断面图一般绘制在透明毫米方格纸的背面，以防止修改时用橡皮把方格擦掉。纵断面图的内容主要包括上下两部分，图的上半部，从左至右绘有贯穿全图的两条线。细折线表示中线方向的地面线，根据里程和中平测量的中桩地面高程绘制；粗折线表示纵坡设计线。除此之外，在图的上部还注有以下资料：水准点编号、高程和位置；竖曲线示意图及其曲线参数；桥梁、涵洞的类型、孔径、里程桩号和设计水位；与其他路线交叉点的位置、里程桩号和有关说明等。图的下半部，标注有有关测量和纵坡设计的资料，在图纸左边自下而上各栏填写直线与曲线、填挖尺寸、里程、地面高程、设计高程、坡度和坡长等，如图 3-2 所示。具体操作步骤如下：

(1)根据选定的高程和里程比例尺，绘制表格，并填写测量和纵坡设计的相关资料等。

直线和曲线：是根据中线测量成果资料绘制的中线示意图。直线部分用直线表示，曲线部分用折线表示，上凸表示路线右转，下凹表示路线左转，并注明交点编号和曲线半径。

里程：是按规定的里程比例尺标注的各中桩里程。通常只在百米桩和公里桩处标注里程。

(2)绘制地面线：根据各中桩的里程和地面高程，按比例尺依次绘出中桩的地面位置，并用细线依次连接相邻各点，这样就得到了用细折线表示的地面线。

(3)绘制设计坡度线：根据设计坡度和坡长，由一点的设计高程计算另一点的设计高程。如 A、B 两点之间的坡度为 i，A 点的设计高程为 H_A，A、B 两点之间的水平距离(坡长)为 D_{AB}，则 B 点的设计高程 H_B 为

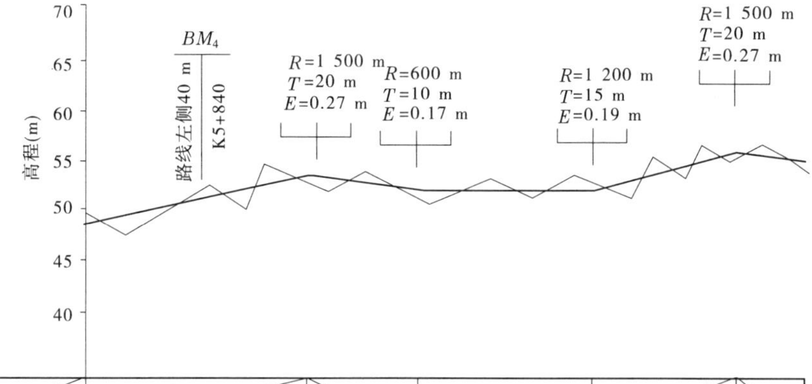

坡度(%) / 坡长(m)	2 / 300			1 / 150		250			2 / 200		1 / 100
设计高程(m)	47.56	49.56	51.56	53.56	52.56	52.06	52.06	52.06	54.06	56.06	55.06
地面高程(m)	49.05	48.87	50.25	52.78	53.71	50.92	52.52	53.27	54.95	55.54	54.23
里程	K5+700	K5+800	K5+900	K6+000	K6+100	K6+200	K6+300	K6+400	K6+500	K6+600	K6+700
填挖尺寸(m)	+1.49	−0.69	−1.31	−0.78	+1.15	−1.14	+0.46	+1.21	+0.89	−0.52	−0.83
直线与曲线				JD_4 R=250 m		JD_5 R=300 m				JD_6 R=200 m	

图 3-2　路线纵断面图

$$H_B = H_A + iD_{AB}$$

式中，i 为坡度。

用斜线或水平线表示设计坡度的方向，在线的上方标注坡度数值(百分数)，下方标注坡长。斜线从左至右向上倾斜表示上坡，向下倾斜表示下坡，水平线表示平坡。同时，不同的坡段以竖线分开。

(4)计算填挖尺寸：根据各中桩的地面高程和设计高程计算填挖尺寸，填挖尺寸一般用 h 表示，则

$$h = H_{地} - H_{设}$$

式中，$H_{地}$ 为地面高程；$H_{设}$ 为设计高程。

求得的填挖尺寸，正值为挖土深度，负值为填土高度。挖土尺寸标注在设计线之下，填土尺寸标注在设计线之上。地面线与设计线相交的点为不填不挖处，称为“零点”。

二、道路横断面测量

路线横断面测量的任务是测定中桩处垂直于中线方向的地面起伏状况并绘制横断面图。

(一)横断面方向的测定

在直线段上，用经纬仪或方向架直接定向；在曲线段上，可用方向架测定。

(二)横断面的测量

中桩的地面高程在纵断面测量中已测出,此时,只要测出横断面上各变坡点相对于中桩的平距和高差,就可以绘制横断面图。横断面测量的方法有水准仪皮尺法、经纬仪视距法等。本次实训要求采用水准仪皮尺法,如图 3-3 所示。具体操作步骤如下。

安置水准仪后,以中桩点为后视点,以横断面方向的各变坡点为前视点,测量高差,水准尺读数精确至厘米。用皮尺分别量出各变坡点至中桩的水平距离,水平距离精确至分米。记录格式见表 3-3,表中按路线前进方向分左、右侧记录,以分式表示前视读数和水平距离。

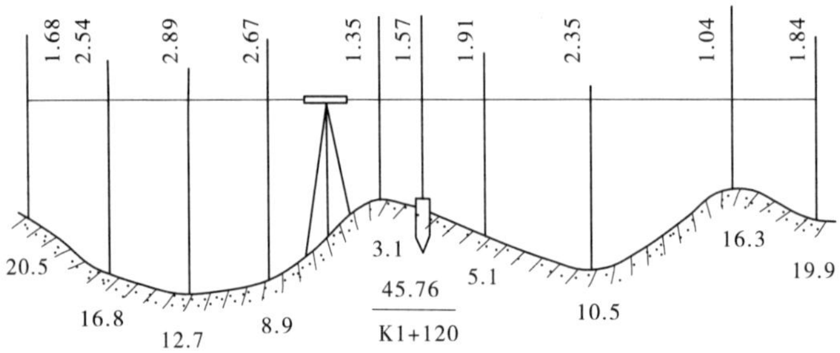

图 3-3 水准仪皮尺法

表 3-3 水准仪皮尺法横断面测量记录表

前视读数(左侧) 水平距离	后视读数 中桩桩号	(右侧)前视读数 水平距离
$\frac{1.68}{20.5}$ $\frac{2.54}{16.8}$ $\frac{2.89}{12.7}$ $\frac{2.76}{8.9}$ $\frac{1.35}{3.1}$	$\frac{1.57}{K1+120}$	$\frac{1.91}{5.1}$ $\frac{2.35}{10.5}$ $\frac{1.04}{16.3}$ $\frac{1.84}{19.9}$

横断面测量的宽度应根据工程要求和实际地形情况而定,一般在道路中线两侧各测 15 ~ 50 m,根据《公路勘测规范》(JTG C10—2007),横断面中的距离、高差的读数取位至 0.1 m,其测量限差应符合表 3-4 的规定。

表 3-4 横断面测量的限差

公路等级	距离(m)	高程(m)
高速公路及一、二级公路	$\pm(L/100+0.1)$	$\pm(h/100+L/200+0.1)$
三级及三级以下公路	$\pm(L/50+0.1)$	$\pm(h/50+L/100+0.1)$

注:L 为测点至路线中桩的水平距离,h 为测点和路线中桩的高差。

(三)横断面图的绘制

横断面图根据测得的中桩至变坡点的平距和高差,绘制在透明毫米方格纸的背面。一般采取现场边测边绘的方法。绘制横断面图时,水平比例尺和垂直比例尺一般是一致的，通常采用1:200或1:100的比例尺。如图3-4所示，在绘制时，首先标定中桩位置，并注明桩号，然后由中桩开始，根据变坡点的平距和高差，在左右两侧以平距为横轴，高差为纵轴，逐一将变坡点展绘在图纸上，最后用细线连接相邻点，即绘出横断面的地面线。通常一幅图上可以绘制多个断面图，一般由图纸的左下角，自下而上、从左至右，依次按桩号绘制横断面图。

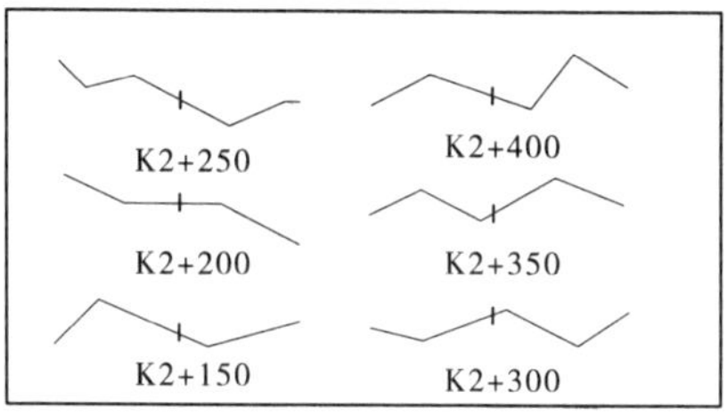

图3-4　横断面图

三、道路土方工程计算

道路土方是公路工程的一项主要工程量，由于地面形状是很复杂的，填、挖土方不是简单的几何体，所以土方计算只能是近似的，计算的精确度取决于中桩间距、测绘横断面时采点的密度、计算公式与实际情况的接近程度等。

（一）横断面面积计算

路基的填挖断面面积，是指断面图中原地面线与路基设计线所包围的面积，高于地面线者为填，低于地面线者为挖，两者应分别计算。路基横断面面积多为不规划的几何图形，计算方法有积距法、几何图形法、坐标法、方格法等。本次实训要求采用积距法。

如图3-5所示，将断面按单位横宽划分为若干个梯形和三角形，每个小条块的面积近似按每个小条块中心高度与单位宽度的乘积计算：

$$A_i = bh_i$$

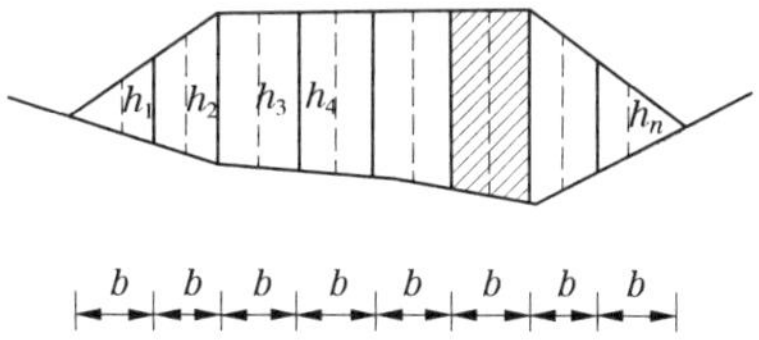

图3-5　积距法

因此，横断面面积：

$$A = bh_1 + bh_2 + bh_3 + \cdots + bh_n = b\sum_{i=1}^{n} h_i$$

当 $b = 1$ m时，则 A 在数值上就等于各小条块平均高度之和 $\sum h_i$。

（二）土方计算

土方计算的方法主要有平均断面法和棱台体积法。本次实训要求采用平均断面法。当相邻两断面均为填方或均为挖方且面积大小相近时，可假定两断面之间为一棱柱体，如

图 3-6 所示,其体积的计算公式为

$$V = \frac{1}{2}(A_1 + A_2)L$$

式中,V 为体积,即土石方数量,m^3;A_1、A_2 分别为相邻两断面的面积,m^2;L 为相邻两断面之间的距离,m。

用平均断面法计算土石方体积简便、实用,是公路上常采用的方法。但其精度较差,只有当 A_1、A_2 相差不大时才较准确。

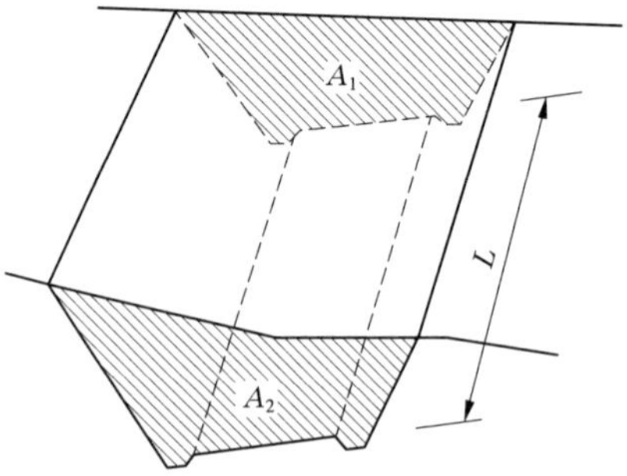

图 3-6 平均断面法

四、成果要求

实训结束时,各实训小组应提供下列成果:

(1)中平测量记录表(见表 3-5)。

(2)纵断面图。

(3)水准仪皮尺法横断面测量记录表(见表 3-6)。

(4)横断面图。

(5)道路土方工程计算表(见表 3-7)。

表 3-5　中平测量记录表

日期______　天气______　班组______　仪器号______　观测者______　记录者______

测点	水准尺读数(m)			视线高(m)	高程(m)	备注
	后视	中视	前视			

表 3-6　水准仪皮尺法横断面测量记录表

日期______　天气______　班组______　仪器号______　观测者______　记录者______

前视读数(左侧) 水平距离	后视读数 中桩桩号	(右侧)前视读数 水平距离

表 3-7　道路土方工程计算表

桩号	断面面积（m^2）		平均断面面积（m^2）		桩距（m）	土方量（m^3）		备注
	填	挖	填	挖		填	挖	
Σ								

综合实训报告样式

（参考）

题目（封皮）

目录

正文

1 实训概况

……

2 实训 1 ×××

（实施过程）

3 实训 2 ×××

（实施过程）

4 实训 3 ×××

（实施过程）

5 实训总结

……

6 附件

附表（编号）

附图（编号）

原始资料

……

说明：根据教学实际情况选择实训项目和内容。

参考文献

[1] 甄红锋. 建筑工程测量[M]. 郑州:黄河水利出版社,2010.
[2] 潘松庆. 工程测量技术[M]. 郑州:黄河水利出版社,2011.
[3] 周建郑. 工程测量[M]. 郑州:黄河水利出版社,2006.
[4] 全志强. 建筑工程测量实训指导[M]. 北京:测绘出版社,2010.
[5] 杨建光. 道路工程测量实训指导[M]. 北京:测绘出版社,2010.
[6] 张敬伟. 建筑工程测量[M]. 北京:北京大学出版社,2009.
[7] 张庆宽,等. 工程测量实训指导[M]. 北京:中国水利水电出版社,2008.
[8] 蒋梦云. 公路工程测量员培训教材[M]. 北京:中国建材工业出版社,2011.
[9] 中华人民共和国建设部. GB 50026—2007 工程测量规范[S]. 北京:中国计划出版社,2008.
[10] 中华人民共和国住房和城乡建设部. CJJ/T 8—2011 城市测量规范[S]. 北京:中国建筑工业出版社,2011.
[11] 中华人民共和国国家质量监督检验检疫总局,中国国家标准化管理委员会. GB/T 12898—2009 国家三、四等水准测量规范[S]. 北京:中国标准出版社,2009.